INTIME EUROPE
LA FRANCE

INTIME EUROPE

Préface de
Yann Queffélec

Textes de
Jean Nabavian

LA FRANCE

Photographies de
Serge Chirol & Anne Gaël

Romain Pages Editions

 *J'aime la France, depuis toujours, sans y laisser ma lucidité. J'aime la France, pays rapiécé, morcelé, maritime et continental, plus disparate et divers que les losanges de l'Arlequin. J'aime ses régions, ses ressources intellectuelles et gastronomiques, ses humeurs imprévisibles, sa bonhomie, son Histoire, et cette immensité qu'elle fait tenir en si peu d'espace.*

Les plus hauts sommets d'Europe sont français. Les plus vastes forêts : françaises. Quatre mers baignent ses côtes, aussi différentes que la Mer du Nord ou la Méditerranée.

Inouï d'imaginer que nous avons des liens cardinaux avec l'Allemagne, à l'est, l'Angleterre au nord, à quelques milles près, l'Espagne et l'Italie au sud. Cependant que le Finistère ouvre sur les couchers de soleil, sur l'infini, que Dieu l'habite ou non. Le climat n'est pas en reste.

La douce France ne doit pas faire oublier la France rude, celle de l'hiver alsacien, des tempêtes d'ouest, parmi les plus violentes du globe, dont les solstices et les équinoxes bretons sont les hôtes forcés. Et la France intérieure, alors, grenier des mémoires où les plus vieux souvenirs remontent à l'âge de pierre, où les fantômes de Molière, de Fénelon, de Gilles de Retz, d'Alexandre Dumas, de l'abbé Prévost déambulent entre le Gers et l'Anjou, entre Pézenas et Cambrai, passant par chez Swann, Manon Lescaut, la marquise de Sévigné, comment ne pas chérir aussi cette France-là.

J'ai beaucoup voyagé, beaucoup marché dans nos régions. En Beauce, sur les brisées de Péguy. En Anjou, sur les traces de Du Bellay. Partout, sur celles de mon père, Henri Queffélec, qui m'a enseigné le bonheur d'aller à pied, de mériter par l'effort la beauté d'une région. Plus jeune, je l'accompagnais dans les Yvelines. La forêt nous attendait pour de longues randonnées. Nous marchions des journées entières, évoquant les toponymes harmonieux qui décorent le pays comme des médailles : Mortefontaine, Senlis, Pontoise et Nemours, Chevreuse. Chacun de ces noms renvoyait à ceux, non moins chantants, des poètes qui les ont aimés, de Nerval à Paul Fort, d'Apollinaire à Villon. Passé les frontières, ou plutôt les portes de la capitale, nous abordions un autre monde, plus heureux, plus serein. La vie s'écoulait sans précipitation. Les petits restaurants forestiers nous réservaient bon accueil. Quelle volupté, ces grands bois domaniaux où il est encore possible de s'égarer, de renouer brièvement avec les délices de l'effroi dont s'accompagne toujours la tombée de la nuit sur les forêts.

Dès que l'on s'aventure en France, la beauté d'une région surgit. Il y a deux ans, de passage en Auvergne, au milieu des Combrailles, je me suis surpris à déceler une similitude avec le vieil océan. Tous ces volcans assoupis, tous ces puys soulevaient une houle figée dans la lumière du crépuscule. On aurait cru ces mers épuisées, dites résiduelles, transfuges d'un lointain coup de vent, qui viennent mourir à la côte après avoir sans doute envoyé par le fond, tout là-bas, deux ou trois navires.

Si tard que nous vivions, le temps nous manquera de bien connaître la France, toute la France, par le menu de ses villages, de ses chapelles et de ses lumières. Quand nous aurons sillonné Paris, visité Bordeaux, Sarlat, joyau du Moyen-Âge, Montpellier, Marseille, Dieppe, Strasbourg, le Mont Saint-Michel ou Fort-Bayard, Aiguemortes ou Montségur, quand nous aurons marché du plateau de Millevaches aux gouffres du Verdon, il restera encore des hauts lieux par centaines, et d'autres plus humbles, jaloux de leurs vallées, de leurs sommets, de leurs rades et de leurs baies, de leur grève et de leurs rivières, de leurs cavernes et de leurs miracles, où même plusieurs vies supplémentaires ne suffiraient pas encore à tout découvrir.

J'aime ce pays si mystérieux, si cultivé – pas un pouce de terrain, pas un pouce de souvenir qui ne porte ici l'empreinte humaine –, et je souffre aujourd'hui de le voir brutalisé par tous ceux qui subordonnent la sauvagerie d'un site et son histoire aux impératifs de l'aménagement. Si Progrès veut dire métamorphose, que celle-ci mette un point d'honneur à conserver le génie des lieux, toujours mitoyen du génie des hommes. Il ne suffit pas d'applaudir les yeux fermés la beauté d'une région : il faut la protéger, refuser la mutilation des paysages où nous vivons et rêvons, où nos enfants se souviendront de nous. Ce ne sont pas les pierres, ni les crabes, ni les champs, ni les arbres qui se constitueront partie civile devant leurs prédateurs. Où ira-t-on chercher les vertus de la légende et du ressourcement le jour où le moindre brin d'herbe et la moindre rivière auront été aménagés, la moindre vague poldérisée ?

Par bonheur nous n'en sommes pas là, mais restons prudents. De notre vigilance dépend la survie d'un chef-d'œuvre légué par l'Histoire : un pays tout entier, le nôtre, la France.

Yann Queffélec

*Le paysage est le sujet d'inspiration majeur de la peinture française
du XVIIIᵉ siècle.
Parmi les grands classiques, Joseph Vernet a une place prééminente, avec sa
superbe série de toiles sur les Ports de France.
Né en Avignon, en 1714, son père l'envoya dès sa vingt-deuxième année
parfaire son art en Italie.
Dès son arrivée à Marseille, le spectacle de la mer l'enthousiasma, avec ses
symphonies de couleurs contrastées : blancheur des falaises de calcaire, bleu de
la Méditerranée avivé par le mistral...
Il fut élu académicien dès son retour en France en 1753, avec la présentation de :
« Un port de mer au coucher du soleil ». Toute sa vie, il envoya au Salon
de nombreux paysages et des marines.
Mais il est surtout passé à la postérité pour les spectaculaires tableaux sur les
Ports de France, que lui commanda le marquis de Marigny,
surintendant des bâtiments du roi.
Il exécuta quinze des vingt-deux toiles commandées, la pénurie des finances
royales ne permettant pas l'achèvement de la série...
Le musée du Louvre à Paris conserve notamment de lui :
Vues de Marseille, du golfe de Bandol, de Toulon, d'Antibes, de Bordeaux, de
Bayonne, de la Rochelle, de Rochefort, de Dieppe...*

La mer
de gris à azur

*Normandie, Aiguille
d'Etretat, falaise d'Aval.
Œuvre de la mer sur les
falaises de craie de la
Côte d'Albâtre.
Tenir tête à la mer
comporte des risques,
les falaises d'Etretat en
savent quelque chose !*

La mer

Il y a non loin de chez moi sur la côte normande, entre Houlgate et Villers-sur-Mer, échoués pêle-mêle sur la plage, de drôles de bouts de falaises que l'on appelle les « Vaches Noires ». En fait, elles n'ont rien d'une vache, elles ne sont pas toujours noires.

Bien que d'accès relativement simple à marée basse, l'endroit est souvent désert et tranquille. Il m'arrive encore aujourd'hui d'y trouver des objets que des touristes en uniforme ont oubliés ou abandonnés il y a plus de quarante ans, dans leur hâte de rentrer chez eux, outre-Rhin.

Casque rouillé, balles de mitraillette... au début je les ramassais, maintenant je les enterre ou les jette à la mer.

On y trouve aussi des fossiles. La terre dans son obsession de tout rendre à la mer, les laisse apparaître pour que la marée les nettoie et que la petite pioche de quelque instituteur à la retraite les détache de la falaise.

C'est un endroit généreux, celui qui s'y aventure ne repart jamais les mains vides.

A marée basse, quand les « Vaches Noires » sortent de l'eau, on comprend pourquoi elles restent si collées à la falaise : c'est pour ne pas se perdre sur cette immense plage qui s'étend à des kilomètres de part et d'autre.

Parfois on voit Le Havre, c'est signe qu'il va pleuvoir. Et quand on ne voit pas Le Havre, c'est signe qu'il est en train de pleuvoir.

Les « Vaches Noires », c'est l'idéal féminin de mon grand-oncle qui ne s'est jamais marié, n'ayant pu trouver leur réplique humaine : une femme aussi fidèle, immuable, immobile et surtout silencieuse.

Les « Vaches Noires », mon jardin secret, j'aime leur raconter ma vie parce qu'elles, au moins, ne font pas semblant de m'écouter.

Je voulais être pêcheur, vivre de la mer et de ses biens. Une pêche artisanale, sans ordinateur ni sonar sophistiqué. Une pêche dépassée !

Drôle d'idée, drôle d'époque. Avec le temps même les poissons sont devenus plus intelligents et malins, plus susceptibles aussi. Il faut à présent se montrer à la hauteur de leur sensibilité.

Depuis quelques temps déjà, ils préfèrent d'autres eaux à celles de l'estuaire de la Seine où ils se font prier pour se montrer.

Sur la côte il y a Deauville et Trouville avec leurs planches. Surtout pas de sable dans les

Normandie, le Mont-Saint-Michel. « La merveille de l'Occident ». Surgi comme par enchantement de la mer, le mont Tombe devint ce rocher surplombé par un ensemble architectural d'une rare beauté d'où l'Archange aime à contempler l'éternité.

chaussures de ceux qui viennent tout juste pour humer l'air de la mer, se frôler timidement à son halo iodé et repartir aussitôt.

Moi, j'aime le contact du sable mouillé même si le vent est au nord, même s'il y a des bouts de coquillages qui m'entrent dans la chair. Après tout, quand on aime la mer...

Du mont Canisy et par temps clair, je finissais toujours par avoir une vue d'ensemble sur ma vie. Le mont Canisy c'est un peu le balcon de la région. Un balcon pathétique qui permet de voir loin aussi bien sur la côte que sur la campagne outrageusement verte.

Les trous faits par les bombes de nos sauveurs d'il y a quarante-cinq ans n'y ont pas été comblés. Les immenses blockhaus indestructibles et invincibles y montent toujours la garde même si le cœur n'y est plus tout à fait.

Devant un paysage aussi irréel on se permet les ambitions les plus folles, les plus grandioses. Je ne m'en suis pas privé.

C'est là que j'ai décidé de partir. Je poursuivrai mon rêve le long de la côte et m'arrêterai là où la mer voudra bien de moi.

Où commence la Bretagne ? Où s'arrête la Normandie ? Je ne sais pas, il faisait nuit, je n'ai rien vu.

Quand le soleil s'est enfin levé sur le cap Fréhel, je me suis frotté les yeux. Je croyais rêver.

Des milliers d'oiseaux marins me criaient dans les oreilles. Niché dans les hautes falaises roses, abruptes et sauvages, chacun semblait narguer son voisin d'avoir un emplacement meilleur, mieux exposé. Leur tête tournait dans tous les sens pour négliger personne. J'étais bien placé moi aussi. J'ai regardé autour de moi, j'étais tout seul.

J'avais cru entrevoir un édifice moyen-âgeux en haut d'une falaise dans un coin bien caché. C'était tellement inaccessible que ce ne pouvait être que Fort la Latte.

Il ne faut pas beaucoup d'imagination pour penser que la Bretagne est une île. Tout pousse à le croire. La mer est partout. Elle est franche et vive, orgueilleuse et capricieuse.

Ici la terre a voulu lui résister, alors la mer a engagé un jeu infernal contre elle dont le spectacle fascine les Bretons depuis toujours. Souvent ils se contentent de compter les points, il leur arrive aussi de prendre part au jeu.

Quand la mer est aussi belle, on ne pense plus à regarder le ciel. La Côte du Goëlo, Perros-Guirec, je marchais et lui demandais si elle voulait de moi. La mer ne se fatigue donc jamais ?

Depuis que je suis marin pêcheur à Roscoff je ne pense qu'à une chose : rentrer au port et filer tout droit au café de Madame Jeanne pour jouer au billard. Il a fallu que je travaille sur un langoustier pour perdre mes illusions. La mer avait bien voulu de moi mais elle m'en demandait trop. Je l'avais toujours eue à portée de la main. Elle m'avait fait rêver, m'avait aidé à grandir, maintenant elle voulait des preuves de mon amour.

En Bretagne la mer a très sale caractère. Elle ne supporte pas la demi-mesure.

Une brouille a commencé entre nous qui allait durer le temps que je la découvre sous un autre visage.

Ce qui m'a retenu dans la région de Roscoff et St-Paul-de-Léon, c'est une petite histoire, celle d'un moine irlandais qui a tué un beau jour, au large de l'île de Batz, un dragon malfaisant.

L'idée de tuer à mon tour un dragon m'a souvent gardé éveillé la nuit à cette époque-là. Bien naïf étais-je d'imaginer pareille extravagance car tout le monde sait que

Bretagne, Côte de Granit Rose, maison à Porz Hir. Est-elle abritée ou écrasée par les rochers qui l'entourent ? Elle ne semble guère s'en soucier car ils s'unissent dans leur reflet à la surface de la mer. Quand la mer est aussi belle, on ne pense plus à regarder le ciel.

depuis des années les dragons et autres monstres marins ne quittent plus les grands parcs d'attractions où nourris, logés et blanchis, ils ont en plus l'assurance d'avoir un public bienveillant.

Un jour au café de Madame Jeanne, dans la salle de billard, je me mis à discuter spontanément avec un grand gaillard qui parlait une langue inconnue. Bizarrement, il comprenait tout ce que je lui disais et soudain, je me surpris à comprendre ce qu'il racontait dans sa drôle de langue. Le lendemain, quand j'ai fait part de ma stupeur à Madame Jeanne, elle m'a ri au nez. « Quoi de plus naturel puisque c'était un marin irlandais ? » me lança-t-elle. En effet ça expliquait tout !

Bretagne, Côte de Granit Rose, château de Costaeres. Ici la mer a taillé la pierre rose en d'étranges formes qu'elle a laissées pêle-mêle autour de son intense azur.

Bretagne, anse de la Torche. Ici arrive un câble qui traverse l'Atlantique, porteur des murmures échangés entre les deux continents au fond de l'océan.

La mer

Bretagne, pêcheurs de
Guilvinec. « Je voulais
être pêcheur, vivre de la
mer et de ses biens. Une
pêche artisanale, sans
ordinateur ni sonar
sophistiqué. Une pêche
dépassée ! »

Bretagne, pointe du Raz,
phare de la Vieille. La
Cornouaille fut pendant
des siècles le bout du
monde, la porte sur
l'inconnu et l'aventure.
A son extrémité, la mer
utilise tous les moyens
pour faire peur et
impressionner les âmes
sensibles mais l'homme
a pris goût à ses
grondements et vient
admirer du promontoire
de la pointe du Raz, ses
facéties d'enfant gâté.

*Bretagne, Audierne.
Réputé pour ses
crustacés, Audierne s'est
fait un nom parmi les
nombreux ports de pêche
bretons.
La nuit fut agitée et la
pêche laborieuse, ce n'est
que dans la quiétude du
brouillard matinal que les
bateaux purent enfin se
prélasser.*

A Roscoff l'arrivée du bateau de Plymouth ne passe pas inaperçue. Tout d'un coup, les rues se remplissent de voitures et de piétons avec des guides touristiques à la main.

Un jour que je comptais minutieusement le nombre des hublots du bateau à l'embarcadaire, je vis Madeleine. Dans sa voiture toute neuve elle descendait vers le Sud, je me suis proposé pour l'empêcher de s'endormir au volant.

On poursuivrait un rêve le long de la côte et s'arrêterait là où la mer voudra bien de nous.

Des dunes hautes de plusieurs dizaines de mètres, faites de sable fin, doux et sensuel. Madeleine n'a pas voulu monter, elle avait peur d'avoir peur. C'était en descendant juste après Arcachon.

Je me suis traîné en haut de la dune du Pilat en me consolant de l'idée que je n'en descendrai jamais. Le monde sous mes pas était devenu plus souple. La terre s'était mise tout à coup à m'aimer à la folie parce qu'à chaque pas, elle laissait mes pieds s'enfoncer jusqu'aux genoux dans son écorce de sable et voulait à tout prix me retenir. J'avais beau lui répéter que je n'allais pas bien loin... Ces dunes poussent à l'immobilité, à la contemplation. Il était donc inutile de résister. Même la mer à leurs pieds paraissait impuissante. D'ailleurs dans le décor elle servait de toile de fond : un rôle de figurant auquel elle ne s'est jamais habituée.

Bretagne, Roscoff. C'est à la « cité des pirates » que venaient s'installer les corsaires réalisant de fructueux coups de main contre les ports anglais.

La nuit j'avais l'embarras du choix : me laisser tomber dans une pente et rouler, rouler jusqu'à me sentir aussi petit qu'un caillou, ou alors, jouer à saute-mouton avec les étoiles. Ici j'étais trop près d'elles, nombreuses et trop lumineuses, elles ont fini par me lasser.

J'avais peur que l'une d'entre elles, un peu maladroite et tête-en-l'air, me tombe dessus par mégarde ou me frôle de trop près. Alors je n'ai pas fermé l'œil de la nuit.

Quand le soleil a pointé le bout de son nez le lendemain, il s'est mis à taper très fort comme s'il voulait enfouir le monde entier sous terre. Les astres ont de ces jalousies !

J'ai préféré prendre la fuite en dévalant la pente la plus proche. Quelques dizaines de mètres en contrebas, la forêt m'a retenu. Ici pas de soleil ni de vent, juste le murmure des arbres qui savent rester discrets.

La mer et moi étions restés fâchés. A Collioure, dans les Pyrénées-Orientales, au bord de la Méditerranée on a fait la paix. Je me suis précipité dans ses bras chauds et accueillants, poussé par les rues multicolores de la ville qui ne supportent ni rancune, ni ressentiment.

A Collioure la joie de vivre émane de partout. On a envie de sourire même si à la longue, ça finit par faire mal aux zygomatiques.

Et si la façade des maisons est peinte en jaune, rouge ou bleu, c'est pour que le soleil ait de quoi jouer toute la sainte journée.

Depuis des siècles que cette ville a les pieds dans l'eau, elle n'a jamais assouvi sa

soif. Heureusement que la mer est patiente et généreuse.

Je lui ai demandé si je pouvais rester auprès d'elle à Collioure, je l'ai entendu répondre : « poursuis ton rêve retrouvé le long de la côte... »

Sur la Côte d'Azur, la mer fait ce qu'elle peut pour rappeler sa présence à ceux qui ont trop souvent tendance à l'oublier. Devant certaines agglomérations elle paraît fatiguée, désespérée et inconsolable, alors elle se laisse aller.

En Bretagne elle se serait insurgée, mais là, elle se contente de bouder de temps en temps, pour dire qu'elle existe et qu'elle est toujours belle et désirable.

Dans une des calanques de Cassis, à l'abri de la haute paroi rocheuse de ce cirque permanent, j'ai pu pénétrer dans son intimité. Elle ne me cachait plus rien tellement son eau était limpide. Finalement, quelques soient ses caprices, elle a un joli fond.

Seul dans ma calanque, je prenais à témoin les arbres qui se reflétaient sur l'eau pour chanter mon bonheur. J'y ai vécu des semaines entières en ermite, me nourrissant de ce que la mer voulait bien me laisser prendre. J'écoutais sa complainte, elle me chantait des berceuses.

Une nuit de pleine lune le ciel a pris feu. La forêt au-dessus de la calanque brûlait pour que la lune reste à l'abri des flammes. J'ai regagné le port de Cassis à la nage dans un silence enfumé. Par solidarité, la mer avait cessé de bouger.

A présent, quelque part sur la route de la Corniche à Houlgate en Normandie, j'ai une petite maison haut perchée qui donne sur la mer et la campagne. Je vis la nuit et le jour, je me promène un peu.

J'avais voulu être pêcheur, vivre de la mer et de ses biens. Une pêche artisanale, sans ordinateur ni sonar sophistiqué. Une pêche dépassée !

Mon amour de la mer est resté intact. Pour ce qui est de la pêche, j'ai laissé l'idée mûrir en moi.

Je brasse des milliards avec dédain et sang-froid, sans le moindre souci. Je suis croupier au casino de Deauville.

Pyrénées-Orientales, Port-Vendres. Les pêcheurs de la Côte Vermeille ont la même gravité sur le visage que leurs collègues bretons mais ici, la douceur du climat et la belle Méditerranée les bercent dans une nonchalance que le soleil, jamais absent, encourage par-dessus tout.

Dans l'estuaire de la Seine, on prend les poissons qu'on peut.

Corse, pointe de la Parata. Dans le golfe d'Ajaccio, le soir venu, les rochers prennent une drôle de couleur, comme s'ils saignaient de voir partir le soleil. Tous les soirs, les îles Sanguinaires sont le théâtre d'adieux déchirants.

*Bouches-du-Rhône,
Cassis. Il y a d'abord le
cap Canaille, une haute
falaise qui domine la baie,
puis Cassis avec son
charmant petit port et sa
plage. On gagne les
calanques par la mer et
on les garde longtemps
dans un coin aéré
de sa mémoire.*

La mer

*Alpes-Maritimes, Nice.
J'ai souvent rêvé à la baie
des Anges, la promenade
des Anglais avec ses
palmiers. Le 14 juin
1860, la maison de Savoie
abandonna Nice à la
France à la plus grande
satisfaction des Niçois.
Les aristocrates anglais
la mirent à la mode à
l'époque victorienne et
depuis, le « jet-set » y
défile sans relâche.*

Bouches-du-Rhône,
Marseille. Du comptoir
créé en 600 avant J.-C.
par les Phocéens – ces
commerçants marins
d'Asie Mineure – jusqu'à
la grande agglomération
d'aujourd'hui, Marseille
eut une vie bien remplie.
Sa Canebière qui donne
sur le Vieux-Port est une
porte toujours ouverte
vers les rêves enfièvrés
des mers du sud et les
étendues africaines.

*Loire-Atlantique,
Guérande. Marais
salants. Le paludier est
un pêcheur de sel. Le
travail de saunage est
difficile et long et la
concurrence industrielle
sans pitié. Il existe
pourtant quelques
centaines de courageux
paludiers en France,
inséparables de leurs
marais nourriciers.*

La campagne
de la rosée plein la tête

Marcel était la risée de toute la région. De Vivonne à Lusignan et parfois même plus loin, dans tout le Poitou, quand on cherchait à faire rire à la fin des banquets, on donnait la première lettre de son nom et les rires fusaient comme les giboulées de mars. On se battait pour raconter la dernière de ses facéties.

Sacré Marcel, qu'auraient-ils fait sans lui ?

Tous les paysans étaient devenus des « exploitants agricoles », le pauvre Marcel était resté « fermier ». Ils avaient des rendements mirobolants, Marcel cultivait un peu de tout au gré de ses humeurs et toujours en petite quantité.

Son fils René avait bien essayé d'introduire le progrès dans l'affaire familiale. Si le ballon d'eau chaude pour la douche avait fini par se faire accepter, les dizaines de catalogues sur les nouveaux tracteurs, les appareils ménagers et autres servaient en règle générale à attiser le feu de la cheminée sous l'éternelle gamelle de ragoût.

Marcel était un être bizarre et silencieux. Il sentait bon la terre fraîchement mouillée par un orage d'été.

Un jour ancien, dans sa jeunesse juste après la guerre, il avait sauté sur une mine cachée sous une corbeille de fraises.

A demi inconscient, il avait vu la fée des Poitevins, Mélusine, se pencher sur son corps inerte. Elle lui avait dit des secrets vite oubliés, raconté la terre où il avait ses racines et pour finir, juste avant de disparaître, elle l'avait embrassé sur le front. Ses lèvres brûlantes avaient laissé une marque qui ne partit jamais.

Il avait rapidement guéri de ses blessures et fait part à tout le monde de sa rencontre avec Mélusine. On commençait à croire qu'il avait perdu la tête. Il n'insista guère.

Après cet accident Marcel n'était plus le même. Sa peau devenue plus sensible, ses yeux plus perçants, ses oreilles plus fines ; le clair de lune sur le sous-bois, la brume au-dessus du ruisseau, les complaintes du hibou de la grange et le murmure des feuilles du tilleul devant le poulailler recelaient des histoires passionnantes qu'il pouvait à présent déchiffrer.

Il s'était marié, avait eu un fils et laissé partir sa femme avec un rouquin qui fabriquait des plates du côté de Coulon, dans le marais poitevin.

Poitou, le marais poitevin. Venise à la campagne, avec des plates ou des yoles à la place des gondoles, et des jardins potagers, des peupliers et des hêtres au lieu des palais vénitiens. La vie met longtemps à s'écouler dans ces étroits canaux et le temps se glisse tout doucement à la surface de l'eau pour ne pas troubler sa quiétude.

Poitou, paysan du marais poitevin. Indépendance et solitude, les mots se chargent de la sérénité de la nature. C'est pour cela qu'ils en sont économes.

Il avait attendu la mort de son père pour enfin hériter de la ferme et vivre selon son goût.

La campagne poitevine est paisible et douce. Rien d'excessif, toute en tendresse et discrétion, avec des ruisseaux qui prennent leur temps pour couler, sans trop bousculer les cailloux de leur lit ni les arbres qui les bordent.

La montagne et la mer, c'est l'infini à portée de la main. A la campagne le « grandiose » ne s'offre pas au premier venu. Il se cache derrière une haie au bout d'un champ de blé ou simplement dans l'ombre d'un arbre solitaire en plein milieu d'une terre rouge qui se repose tranquillement au soleil.

De l'invisible, Marcel avait fait son quotidien et de l'infini, sa nourriture.

La Beauce. Vaste plaine entre Chartres et la forêt d'Orléans, c'est un des greniers de la France. Il est des saisons où les couleurs se distinguent et d'autres où elles se confondent. Dans la nature tout est courbe, convergent.

Dans son monde les animaux avaient droit à la parole, les fruits gardaient la liberté de se faire cueillir ou non et les cultures s'entendaient bien avec la terre pour faire tous les ans une récolte honorable.

Pas besoin d'engrais ni d'aucun produit chimique : herbicide, fongicide ou autre arme dissuasive, les mauvaises herbes et les maladies avaient boycotté les terres du petit protégé de la fée.

Par envie de voir de nouvelles têtes, il s'était lancé quelques années auparavant dans l'élevage de truites. Le ruisseau directement concerné par cette décision n'était pas contre et les arbres tout autour promirent de ne pas laisser tomber leurs feuilles dans les bassins et canaux qui allaient être

creusés, et de faire de l'ombre là où il faut, par les grandes chaleurs d'été.

L'affaire fit grand bruit dans le voisinage. En quelques jours tout le monde vint se délester de son commentaire ironique sur l'opportunité d'une telle entreprise, pendant que Marcel creusait avec une aisance étonnante d'immenses trous dans cette terre qui sous sa pelle se laissait fendre comme du beurre.

L'élevage fut une réussite. Aucune perte, qualité garantie.

Le jour où il fallut vendre les premiers poissons, Marcel les entendit se plaindre de leur triste sort. Tournant et retournant la question dans tous les sens, il ne put se résoudre à faire commerce de ses amis aquatiques.

Il les gardait donc jusqu'à ce qu'elles meurent de leur belle mort, prenant un soin extrême de leur nourriture et conditions de vie quand elles arrivaient au dernier bassin, celui du troisième âge, que l'on quittait en flottant à la surface de l'eau pour aller se perdre dans le ruisseau.

Dans la campagne poitevine les châteaux ne manquent pas. Il y en a de toutes les sortes pour tous les goûts, mais dégagent pour la plupart un charme serein né de leur simplicité, complice de la nature environnante.

A côté de chez Marcel, « Le Pierson » dérogeait à cette règle. Tout y était provocation et arrogance. C'était un château fort moyenâgeux grossièrement ébauché au début du siècle.

La jalousie des uns, l'imagination fertile des autres, ainsi qu'une fâcheuse série de coïncidences avaient créé autour de lui une légende néfaste que ses changements successifs de propriétaires ne faisaient rien pour arranger.

Etait-ce un mauvais sort jeté par une quelconque sorcière ou tout simplement la laideur de l'édifice, toujours est-il qu'on y mourait vite et dans des circonstances inhabituelles.

Cantal. Au petit matin les esprits descendus du ciel pour sentir l'odeur humide de la terre regagnent leur demeure. Dans ce pays de montagnes anciennes, certains se cachent dans le brouillard et restent sur terre.

Pour briser le cycle infernal de la malédiction, le dernier propriétaire trouva judicieux de léguer le château et son parc aux autorités départementales avant de mourir dans l'effondrement de son lit à baldaquin par une nuit de pleine lune.

A ceux qui cherchaient une raison plausible au déclin économique de la région, cela fournit une réponse définitive.

Pendant quelques années, « Le Pierson » se laissa oublier, puis fut choisi par un jeune technocrate pour l'organisation de différents concours et animations au niveau régional. Pomponné, bichonné et refait à neuf, il devint encore plus grotesque.

On coupa de vieux arbres bienveillants pour en planter de jeunes prétentieux, trop verts pour être honnêtes. On renforça les clôtures, installa alarme et système de sécurité, contraignant les usagers des terres, hommes et animaux, à changer d'habitudes, d'itinéraires et de points de repère.

A la campagne chaque chemin a son utilité. Des traces de pas, à force de persévérer, finissent par vaincre momentanément la nature et créer selon la fréquentation, des cicatrices plus ou moins visibles à la surface de la terre.

Epouvantail, dans un jardin du Périgord. Celui-ci chassait les oiseaux mais attirait le regard des hommes. L'âme d'un épouvantail se mesure au nombre d'oiseaux qui le craignent.

La campagne

Roussillon, traitement des pêchers en fleur. Des vignes et des cultures maraîchères, mais aussi des vergers qui n'en finissent pas. La poussière blanche et salvatrice se posera sur les fleurs et en chassera le mal. La vie continue mais pas pour tout le monde !

La campagne

Les chemins y sont rarement droits, respectant les caprices parfois exubérants de la nature : ici on fait un détour à cause d'un arbre reclus qu'il ne faut pas trop déranger, là-bas on prend une pente raide pour ne pas marcher sur les marguerites sauvages.

Des mains invisibles n'ont pas attendu longtemps pour faire des brèches dans les clôtures du Pierson, détraquer son système d'alarme et ainsi rétablir les habitudes anciennes, celles que l'on aime le plus.
Quant à Marcel, le voisin le plus proche du château, il avait décidé une bonne fois pour toutes que le Pierson n'existait plus. Il n'eut donc à subir le moindre dérangement.

Un jour, pendant sa tournée des terriers de lapins, Marcel crut voir un pan de toile de tente voler dans les airs en faisant un bruit de mobylette.
La présence d'un individu casqué à bord de l'aéronef exclut immédiatement l'hypothèse d'une quelconque incursion de l'invisible dans le visible, le port de casque et de ceinture de sécurité n'étant pas obligatoire dans le monde parallèle.
Il suivit du regard l'engin jusqu'à sa disparition derrière les arbres puis passa le reste de la journée à se dire qu'il était certes amusant mais inutile de voler dans les airs, cependant, le bruit de l'appareil volant ne le quitta plus.

C'était un bruit tenace qui faisait peur aux poules et donnait mal à la tête à Marcel dont la tranquillité intérieure était depuis quelques temps sérieusement malmenée.
Présente le jour, persistante la nuit, la rengaine mécanique était devenue l'écho de son souffle, le reflet d'un rêve lointain enfoui parce que trop extravagant.
Une nuit, à force d'y penser, il se mit à rêver : « A peine monté à bord de l'engin il se trouva au ciel. Plus haut que le nid du héron, plus haut que le toit du château, au-delà même d'un nuage gris qui n'avait pas encore trouvé l'occasion de pleurer.
Il se détendit un peu. Tout autour, pas la moindre trace du Bon Dieu. Il devait être encore plus haut.
Marcel s'était perdu dans le ciel et volait depuis des heures, peut-être des jours, au-dessus de la terre qui commençait sérieusement à lui manquer.

Aude, vignes dans les Corbières. Au sud-ouest de Narbonne les Pyrénées françaises se font de moins en moins hautes. L'automne recouvre leurs bordures alors que plus haut, le Canigou est déjà tout vêtu de blanc.

Champagne, labours d'automne. Patiente et bonne, la terre laisse l'homme tracer des sillons sur son corps, puis s'occupe de leur donner de la vie. Elle offre la substance même de sa chair.

Cotentin, culture maraîchère sous tunnel plastique. On ruse avec le climat, joue de ses humeurs et conserve la transpiration de la terre.

Comme les choses peuvent se confondre vues de là-haut. Son champ ressemblait à s'y méprendre à celui de ses voisins, et tout cela était bien petit à côté de ce qu'il avait vu en survolant la Beauce.

Les rivières et fleuves ne se distinguaient plus que par leurs couleurs, elles-mêmes changeantes selon l'endroit et le moment. La Loire, fière et argentée commençait à jaunir à partir de Tours puis par moments devenait grise ou même carrément verte.
La terre plus ou moins boisée ou vallonnée, urbanisée, travaillée, cultivée ou simplement désertée par ceux qu'elle avait nourris, était entière et unie et non morcelée, cisaillée et découpée en petits jardins privatifs comme on avait trop tendance à le penser.

Poussé par la fatigue, la faim et la soif, Marcel avait bien essayé de redescendre sur terre : dans la vallée du Rhône juste après Valence, où le ciel commence à prendre des couleurs plus chaudes qu'il emprunte au sol, en Lozère où les arbres se sont fâchés avec la terre, en Alsace ou dans le Limousin... mais l'appareil n'en faisait qu'à sa tête.

En bas, les gens le croyaient mort. Son fils René l'avait pleuré un peu mais ne s'était pas gêné pour vendre la ferme familiale dans le but de s'acheter une boutique en ville, non loin d'une salle de cinéma.
Ses terres abandonnées avaient du chagrin. Quelques arbres perdirent leurs feuilles et les tournesols baissèrent la tête pour ne plus voir le ciel... »

Ain, près de Bourg-en-Bresse. Alignement mélancolique dans la brume évanescente.

*Lozère, village
abandonné. Le troupeau
traverse non un village
mais ce qui reste d'un
souvenir. Les pierres ont
la vie dure, les hommes
font comme si elles
pouvaient oublier.*

Il se réveilla devant le poulailler. L'aube était glaciale mais rassurante, la terre humide mais ferme. Il avait de la rosée plein la tête.

Il reprit le cours de sa vie, son dur travail de fermier, ses promenades le long du Palais : ruisseau tranquille qui allait se jeter dans le Clain en toute modestie ; du côté du moulin qui ne servait plus qu'à attirer les derniers murmures de la Rune, acolyte du Palais, mais depuis l'envol de l'autre nuit, le cœur n'y était plus.
Sillonner pendant des heures les voies mystérieuses du ciel, grouillantes d'étoiles et de lumière, cela crée des liens.
Il eut vraiment envie de recommencer, et cette fois-ci pour de bon.

L'automne à la campagne, c'est le Mardi gras pour la nature. Les arbres se déguisent en arlequins aux costumes multicolores, les ruisseaux gorgés d'eau chantent de plus en plus fort la chanson qu'ils ont répétée tout l'été, et les nuages changent de couleur, pour un oui, pour un non.

Lubéron, borie, région de Gordes. Dans le midi de la France, comme en Corse ou en Sardaigne, les bories : ces maisons étranges, un peu « châteaux de cartes » d'aspect mais plus solides que tout, étaient habitées jusqu'à une période récente.
On trouve les origines de leur construction dans la nuit des temps à côté des traces de l'ingéniosité des hommes.

Ariège, Mirepoix. Marché aux animaux. Il est des vacarmes que les grandes villes ne connaîtront plus. De la paille du marché du village jusqu'à l'assiette chaude et appétissante du gourmet, voilà une belle carrière ouverte à tous. Beaucoup de sensibilité et peu de sensiblerie.

Les jours avaient passé et Marcel rôdait de plus en plus autour du château prétentieux qui s'était soudain mis à exister grâce à ces objets volants aux formes insolites.
Sa passion l'avait sorti de sa réserve proverbiale. Il s'était renseigné, savait maintenant que cette petite chose fragile qui lui faisait tant envie s'appelait un u.l.m. : une sorte d'avion sans fuselage qui démystifiait les oiseaux.

L'esplanade du château accueillait les mordus de l'aviation en « tondeuse à gazon ».

Marcel restait à l'écart, n'osant approcher les engins de peur de ne plus pouvoir revenir sur terre.

Ce jour-là une jolie brune insista pour le prendre comme passager. Elle avait un

Indre, région de Châtillon-sur-Indre. Pêche en étang. Tous les poissons ne seront pas consommés. Une fois nettoyé de sa vase, l'étang en accueillera un certain nombre pour recommencer un nouveau cycle de vie.

Ariège, Bethmale. Pascal Jussant est sabotier. Il perpétue une tradition, un art, un style de vie. Les sabots, ce sont les seules chaussures qui conservent une mémoire.

*Alsace, vendanges près
de Colmar.
Gewurtztraminer,
Sylvaner, Riesling,
la route des Vins est
un chemin initiatique
vers l'enchantement.
Encore faut-il mettre
de la mesure
dans la modération !*

*Indre-et-Loire,
Saint-Jean-Saint-Germain
près de Loches. Fête des
moissons. « ... Et tout l'or
du monde scintillait à
leurs pieds, en juste
compensation de leur
amour de la terre. »*

sourire rassurant, des yeux verts et des lèvres sensuelles qui éveillèrent de drôles de souvenirs dans le brouillard de sa mémoire. Marcel tremblait pour ne pas avoir peur, fermait les yeux pour mieux voir le ciel qui allait lui ouvrir les bras.

Le décollage fut laborieux. Des images anciennes le tiraient vers le sol, la terre ne voulait pas lâcher facilement celui qui l'avait tant aimée.

Quand ils prirent leur envol, on les vit faire quelques tours puis disparaître au loin entre deux nuages maquillés de rose.

La disparition de Marcel ne fit rire personne. On chercha l'u.l.m. égaré à des dizaines de kilomètres à la ronde avec des hélicoptères et des chiens à la truffe bien curieuse.

De la femme pilote, on n'a jamais rien su. Seule, la vieille gardienne du château prétendit qu'elle s'appelait Mélusine et qu'elle était de Lusignan.

Ferme du Bourbonnais. Le rythme est dans le découpage du sol comme l'écho d'un battement de cœur lointain qui vient ricocher sur les haies ou à la surface ondulée des ruisseaux.

Région de Châteauneuf-en-Auxois, écluse sur le canal de Bourgogne. C'est l'histoire d'un reflet devenu plus vrai que nature.
Le canal de Bourgogne traverse les vallées de l'Armançon et de l'Ouche pour relier le bassin de la Seine à celui du Rhône.

Marne, Verzy. Les « Faux de Verzy ». Dans le parc naturel de la Montagne de Reims, des hêtres presque millénaires sont devenus fous à se tordre les branches comme pour brouiller la vision monotone d'un monde parfait.

Forêt vosgienne. La lumière devient substance colorée et se répand dans l'espace. Les feuilles exultent à l'idée de pouvoir enfin se laisser tomber pour renaître à la belle saison et les arbres, comme toujours, font le lien entre le ciel et la terre.

La montagne
1547 est, la vie dans tous les sens

Ma grand-mère était désespérée. J'avais beau la rassurer en lui promettant de faire attention, de ne jamais sortir des sentiers balisés et de rentrer tôt, bien avant que le soleil ne décide d'aller se coucher mais il n'y avait rien à faire.

Le matin, il fallait me retenir, me dissuader, me faire peur ; alors elle me gavait de confiture, miel et pâtisseries bien lourdes en me racontant des histoires horribles sur « là-haut » : des ours qui avaient attaqué des jeunes gens, de grands spécialistes confirmés qui s'étaient égarés et qu'on n'avait jamais retrouvés, des loups rôdant encore dans les parages pour avoir pris goût à la chair humaine, des éboulements, glissements de terrain, sans parler des ermites et autres individus louches qui viennent d'un peu partout prendre le frais.

Je la laissais parler, mangeais le moins possible, et prenais mon sac à dos. A moi les neiges éternelles, le frisson du vide, le vertige des sommets.

C'était à Eaux-Bonnes, dans les Pyrénées-Atlantiques. Je passais les vacances avec ma grand-mère, l'été de mes 13 ans.

Elle détestait le soleil, la chaleur et l'air sec. A Eaux-Bonnes on était servi. Quand il ne pleuvait pas, l'air était assez humide pour faire illusion.

Tous les ans, on changeait de lieu de vacances. Cette année-là j'avais envie de la mer, de vagues hautes et de mouettes mais elle n'aimait ni la foule ni le bruit de la mer qui l'empêchait de dormir. Nous avions atterri dans un hôtel propret à Eaux-Bonnes.

Deux heures après notre arrivée, j'avais fait le tour du village, joué une partie de pétanque avec des hollandais de passage et commencé à m'ennuyer.

Eaux-Bonnes est une petite station thermale toute en pente. D'un côté il y a le flanc de la montagne avec suffisamment d'arbres pour créer un grand rideau vert foncé, et tout autour, des immeubles de trois ou quatre étages qui essaient de lui tenir tête. Au milieu, une grande place fleurie pour se dégourdir les jambes.

Pyrénées-Orientales, massif du Canigou. Les fleurs des pêchers et la neige des sommets partagent le même destin heureux : une vie éphémère, mourir pour renaître, changer pour rester toujours la même.

*Pyrénées-Orientales,
abbaye Saint-Michel-
de-Cuxa. Cette abbaye
romane du Languedoc,
élevée face à la menace
de l'islam tout proche aux
X^e et XIe siècles, accueille
de nos jours les moines
cisterciens.*

*Pyrénées-Orientales,
abbaye Saint-Martin-
du-Canigou. Entièrement
restaurée par le père
bénédictin Bernard
de Chabannes, de 1952 à
1974, elle culmine à
1 065 m la solitude aride
des précipices.*

Je n'avais pas l'âge d'aller au casino et ma grand-mère n'était pas joueuse.

J'ai eu envie de rentrer chez moi mais j'ai changé d'avis, très vite.

Chez le marchand de journaux, à côté des cartes postales, il y avait toute une série de cartes et de plans. J'étais venu chercher le journal du soir de ma grand-mère, je suis parti avec la carte « 1547 Est » de l'institut géographique national : une œuvre d'art, un travail de fourmi, 1 centimètre pour 250 mètres, qui dit mieux ?

Le soir après le dîner, ma grand-mère me vit penché sur ce chef-d'œuvre de précision. Elle me crut en pleine effervescence d'un quelconque devoir de vacances.

Sur la carte, j'ai établi l'itinéraire de ma première exploration : derrière le casino, un sentier montait en zigzaguant dans les bois d'Assoute et beaucoup plus loin, faisait le tour de la vallée d'Ossau.

C'était le sentier du Gourzy. J'en ai rêvé toute la nuit.

Ma grand-mère était coriace. Même le temps s'était usé contre sa volonté inébranlable. Dans sa course avec la vieillesse, elle s'était laissée très judicieusement distancer et faisait toujours 15-20 ans de moins que son âge. On me prenait parfois pour son fils ce qui la remplissait d'une joie que je trouvais puérile.

Pour mon exploration je ne comptais guère sur elle. Bien qu'en excellente forme physique, elle évitait le moindre effort qui altérât son maquillage et sa coiffure ; aussi, je me résolus à la mettre devant le fait accompli,

Ariège, troupeau à l'estive au port de Lers. Sur le terrain de jeu de géants doucereux, habillés de vert parsemé de petites fleurs rouges et jaunes.

prouvant ainsi mes compétences et capacités sportives, avant toute protestation qui les mettrait en cause.

Le lendemain, Eaux-Bonnes avait la tête sous une épaisse couche de brouillard. Je laissai un mot à ma grand-mère en tâchant de ne pas faire de faute d'orthographe qui l'aurait contrariée, pris mon sac à dos et sautai à pieds joints dans l'aventure.

Le bois d'Assoute, au-dessus d'Eaux-Bonnes me plut immédiatement. Des arbres bruyants et beaux parleurs étendaient leurs racines à travers mon chemin pour me retenir un peu mais pouvais-je leur faire confiance dans cette obscurité ?

Le brouillard faussait le jeu. Je montais mais ne m'élevais pas.

Hautes-Alpes, Casse Déserte du col d'Izoard. Atmosphère désolée de roches devenues poussière grise et inconsistante qui tend à s'ébouler pour disparaître au fond du ravin. La route souligne leur déchéance mais tente de les consoler en les retenant un peu.

*Alpes-Maritimes,
Entrevaux. Ville forte
dans la haute vallée du
Var. Dans ses greniers
ouverts appelés
« soleilloirs », on séchait
des figues et du haut de
ses remparts, on gardait
un œil sur les ambitions
de la maison de Savoie.*

*Corse, Calanche de Piana.
Entre la montagne et la
mer il n'y a que des
histoires passionnelles,
des aventures violentes et
des cicatrices que les
rochers gardent comme
des trophées de guerre.*

Mon seul guide était un signe composé de deux traits paralèlles, un rouge et un blanc, que je retrouvais de temps à autre sur un rocher ou un tronc d'arbre.

Mes calculs étaient faux ou m'étais-je simplement égaré, toujours est-il que le doute s'est mis à jouer à cache-cache avec ma détermination. Il me faisait entendre des bruits bizarres, un ours affamé peut-être ? Il me laissait entrevoir des silhouettes inquiétantes, et ma détermination, crédule, ne disait rien.

J'aurais très certainement fait demi-tour si le vent ne s'était soudain levé pour me permettre de voir à travers ce brouillard de malheur un soleil ami, fortifiant et encourageant.

Hautes-Alpes, parc régional du Queyras. L'exposition au soleil détermine la couleur de la peau des pentes : des prairies vers le sud aux pins arolles vers le nord, c'est la réplique au jeu entre l'ombre et la lumière.

Savoie, hameau près de Valloire. Les maisons s'accrochent au flanc de la montagne mais se perdent dans sa grandeur. En fait, de leurs fondations solides et profondes, elles ne parviennent qu'à lui chatouiller légèrement l'épiderme.

Alpes-de-Haute-Provence, col des Champs. A plus de 2 000 m, perspective sur le mont Pelat, 1 000 m plus haut. La douceur devant l'austérité, la belle et la bête.

Plus tard, il y eut un moment magique, celui de la sortie du bois et de l'humide obscurité. J'ai senti en moi une joie simple, intense et sucrée. Je pouvais me tenir debout au milieu du terrain de jeu incommensurable des géants doucereux qui m'entouraient, habillés de vert parsemé de fleurs rouges et jaunes.

Pic du Gourzy, pic de Cézy, Moncouges d'un côté et la crête des Turons de l'autre, tout le monde était là à m'attendre depuis l'éternité.

J'ai passé la journée à m'imprégner de leur calme, déguster morceau par morceau leur beauté et suivre pendant un temps le vol d'un couple de vautours qui avaient conquis le ciel.

A mon retour, j'ai trouvé ma grand-mère assise sur un banc devant une vue généreuse sur la route de Laruns. Elle n'était pas inquiète mais terrorisée.
« Ce midi, il y avait de la blanquette de veau. Tu ne sais pas ce que tu as raté », me lança-t-elle.

J'avais réussi à convaincre ma grand-mère de me déposer en voiture au refuge Pyrénéa, sur le lac de Bious-Artigues.
Autour du pic Castérau, il y a des lacs petits et grands qui font de jolies taches bleues sur la carte. Il me fallait voir cela de près.

Alsace, ruines du château d'Andlau. L'hiver de sa vie coïncide avec l'automne environnant. Du haut de ses donjons, vue imprenable sur sa solitude.

Du parking du refuge, je m'étais laissé distancer par un groupe d'amoureux de hard-rock munis d'un magnétophone puissant. L'harmonie entre le paysage et cette musique ne m'a pas semblé évidente.

Au bout d'une heure de marche, j'ai aperçu le lac Roumassot entouré de brebis.

Pierre et son père étaient des bergers de Gabas. Sur leur visage, la fierté et l'indépendance prenaient des couleurs vraies que les aléas d'une vie rudimentaire rendaient austères, brutales.

Sous leur tente ils essayaient de vendre leur fromage artisanal mais peu de gens se laissaient convaincre par l'aspect sain et appétissant de leurs produits, trop authentiques pour plaire.

Leur fromage était en fait excellent. Quand j'eus fini d'en manger un grand morceau, je me sentis plus d'affinités avec les brebis qu'avec tous les gens qui défilaient dans ce paysage en se gardant bien d'ouvrir les yeux, laissant derrière eux une traînée d'immondices, de bouteilles vides et de papiers gras.

Pierre avait bien essayé de vivre autrement mais ne s'était jamais fait aux habitudes des gens d'en bas, ceux des villes, anxieux et fragiles, bavards et prétentieux. Son travail dans les stations de ski l'avait rendu perplexe, désespéré. La foule arrivait en haut des pistes qu'elle redescendait à la vitesse du vent. Elle piétinait, dégradait, blessait la montagne qui un jour finirait par se venger.

Haute-Savoie, château de Menthon-Saint-Bernard. Il domine le lac d'Annecy depuis le XIIIe siècle et a changé de visage plus d'une fois. A la montagne, certains châteaux haut perchés ne demandent qu'à s'envoler dans les airs.

Sur la route du col du Galibier, village dans le massif de l'Oisans. Les versants découpés en terrasses, le long desquels rampent de petites routes sinueuses, ont été apprivoisés.

Il était rentré au pays avec l'intime conviction d'avoir fait le bon choix.

Le lac Gentau, Castérau, eaux d'émeraude ou de lapis-lazuli, la ballade le long du gave de Bious : preuves que la couleur du bonheur n'est pas seulement rose.

Quand j'ai retrouvé ma grand-mère sur le parking, elle venait de finir les "Dix petits nègres" d'Agatha Christie.

Le sourire d'Anna me faisait penser à "Marilyn" quand sa robe s'envole sur une bouche d'aération dans "Sept ans de réflexion". Elle était belle et enjouée mais élément déterminant dans sa panoplie de séduction, elle avait une tente canadienne à deux places.
Passer une nuit à la montagne, le plus haut possible : voilà mon nouveau projet secret qui demandait une longue et minutieuse préparation.
Fille du plat pays, elle avait autant d'attirance pour les sommets enneigés que moi pour les eaux grisâtres de la mer du Nord.
Il fallut user de tous mes talents - j'en découvris même d'immensément plaisants - pour qu'elle cédât à une telle aventure.
Elle était à Eaux-Bonnes avec ses parents qui venaient prendre les eaux.
Comme d'habitude, ma grand-mère s'opposa farouchement à notre projet. Même l'hôtelier sans avoir été consulté donna un avis défavorable. Il ne me restait plus qu'à passer outre. J'en fis une question d'honneur.

On se fit déposer à la cabane du Caillou de Soques, sur la route qui mène au légendaire col du Pourtalet et qui suit comme une ombre le gave de Brousset.
Je portais la tente et les provisions sur le dos, Anna une dose d'angoisse au fond des yeux. La bonne et courageuse Anna qui payait un lourd tribut à son amour naissant. J'en étais conscient et en tirais une fierté certaine.

Elle me suivait en silence sur le sentier de grande randonnée, s'arrêtant de temps à autre pour jeter un regard inquiet sur la carte de son chemin de croix, celle de la série bleue, 1547 Est.
Le chemin, confortable et bien indiqué, suivait un torrent plutôt inoffensif puis s'en séparait pour monter en colimaçon jusqu'au col d'Arrious.

La véritable palpitation, ce fut au moment d'emprunter le passage d'Orteig à 2 400 mètres d'altitude, au-dessus du lac d'Artouste. Il y avait là en contrebas un vide de 500 mètres et une paroi ultraraide à traverser sur une centaine de mètres, avec peu d'endroits où poser le pied et guère plus de prises pour les mains.
Anna me fit un long baiser et se lança. Elle avançait à petits pas et se tenait du bout des doigts à la paroi, tout en chantonnant un air de blues.

Arrivée de l'autre côté sans encombre, elle s'assit tranquillement sur un gros rocher accueillant et défit son chignon avec une étonnante désinvolture. Je la voyais radieuse, plus belle que jamais, les cheveux étincelants au soleil et la mine satisfaite, triomphante et ne trouvais en moi assez de ressources pour faire le moindre mouvement.
En bas, le lac était toujours aussi bleu et le vide plus effrayant que jamais.
Le for intérieur vide de courage, la gorge sèche et la tête prise de vertige, j'allais assister, impuissant, à ma mort spirituelle quand le tracé d'un chemin tout en bas attira mon attention. J'allais pouvoir éviter le passage diabolique par un lâche détour. Anna a tout compris et en guise de réponse s'étendit simplement sur son rocher.

Deux heures après, quand nous fûmes enfin réunis, elle me sourit, j'ai baissé les yeux.
Nous étions à présent au-dessus des neiges éternelles, celles qui en été à cette altitude acceptent tous les outrages, deviennent grises ou brunes mais ne fondent pas.
La nuit tant attendue fut bien amère. Nous l'avons passée à côté du refuge d'Arrémoulit, au bord d'un petit lac féérique.
Sous la tente, j'ai eu envie de m'expliquer, parler de ma trouille soudaine, trouver un réconfort pour mon orgueil éprouvé mais Anna s'est endormie sans même me souhaiter bonne nuit.
Cette nuit-là, le vent caressa le toit de la tente et moi l'espoir de trouver l'occasion de prendre ma revanche.

Ariège, pog de Montségur. La majesté de la montagne écrase les hommes ou les éblouit. Lieu de méditation, y trouve-t-on peut-être certaines facilités pour approcher Dieu. En mars 1244, des cathares préférèrent le bûcher du camp des Crémats à l'abjuration de leur foi. En haut du rocher, leur château en ruine tente de se faire oublier.

Pour redescendre tout en bas, Anna voulut prendre le train touristique du lac d'Artouste. Ce fut le coup de poignard dans mes espérances de réhabilitation.

Notre retour à Eaux-Bonnes fut accueilli avec ardeur, notamment de la part de ma grand-mère, rouge de colère qui me traita de canaillou en pleine salle de restaurant. Quant à Anna, elle reçut les félicitations de ses parents pour son teint pas mal bruni depuis la veille.

Le lendemain ma grand-mère et moi quittions définitivement l'hôtel comme un couple en instance de divorce qui vient de rater sa dernière chance de réconciliation.

Quelques années plus tard, j'ai croisé Anna au Salon de la montagné à Paris. Elle était éblouissante de beauté. Elle faisait partie du stand de la ville de Chamonix en tant que guide de haute montagne.

La ville
égarements délicieux

Paris capitale, ville des étincelles et des feux, ville des poètes et des amoureux, ville d'eau, des couleurs, des tristesses fastueuses et des solitudes doucereuses, ville unique, comme toutes les autres.

On y laisse volontiers un souvenir, une marque ou un signe de vie, de puissance ou d'impuissance : cela va du centre Beaubourg, l'Arche de la Défense, la pyramide du Louvre jusqu'au grafitti maladroit sur un mur.

Marseille, Lyon, Bordeaux, Lille, Toulouse... chacune son caractère, ses manies, son atmosphère. Autant d'univers où les rêves des hommes se sont amoncelés depuis des siècles.

On y venait toujours dans l'espoir d'une vie meilleure que l'on atteignait parfois. De paysan, marin, montagnard, on devenait simplement citadin, membre d'une vaste communauté, jaloux de sa souffrance et ses petits bonheurs.

Marcher dans une ville, c'est se frotter à sa mémoire. Une mémoire qui peut être visible ou invisible.

Des étincelles jaillissent de cette rencontre, un coin de rue, un portail, un monument anodin ou une petite statue solitaire et soudain le charme opère. Cela fait des moments précieux qu'on aime conserver en lieu sûr pour les jours difficiles.

Les villes se font aimer comme les personnes.

Chaque ville a sa clef, sa sensibilité, ses caprices et ses exigences...

Paris, jardin des Tuileries. Statue, œuvre d'Aristide Maillol (1861-1944). « Tout y est calme, doux et paisible, de l'amour à la solitude. »

Paris, rue Royale vers l'église de la Madeleine. Certains soirs, les étincelles de la ville restent suspendues entre ciel et terre, l'éphémère se grave pour toujours dans la mémoire.

Paris, place de la Concorde, sur la Voie Triomphale : de la cour du Louvre à la place de l'Etoile. La France y guillotina son roi et acclama De Gaulle, son libérateur.

... Croyez-moi, je suis bien placé pour le savoir.

Mes ancêtres étaient de la campagne qu'ils ont eu la bonne idée de fuir pour manger à leur faim.

Passer la sainte journée à chercher de la nourriture dans le vent froid de l'hiver et la chaleur étouffante de l'été, et ce à la veille du troisième millénaire dans un pays civilisé, je trouve cela pour le moins déplacé.

En ville tout est là, à portée de l'aile. Il suffit de bien ouvrir les yeux et ne pas trop traîner pour toujours être le premier et la vie est belle.

Etre pigeon à Paris est un privilège envié de beaucoup d'oiseaux dans le monde. C'est une pauvre mouette égarée qui m'en parlait encore l'autre jour sur la Coupole, en face du pont des Arts. Je lui ai donné l'adresse de quelques bons restaurants de poisson avec l'heure de ramassage des poubelles.

Je suis né à Paris sous les combles de l'Ecole des beaux-arts ce qui explique ma prédilection pour les endroits vieillots pleins de charme bien que souvent mal chauffés. Il n'y a pas que le confort dans la vie.

Se réveiller le matin, rue Richelieu à la Bibliothèque nationale, ou aux Invalides au-dessus de la tombe de mon dictateur préféré, ce sont des moments qui marquent une existence et moi tout chanceux que je suis, je vis cela tous les jours.

Tout petit déjà, je ne tenais pas en place. Fruit d'un amour fugace entre une pigeonne de bonne famille du quartier de Saint-Germain-des-Prés et un biset lourdaud mais Chevalier de l'ordre des Colombins pour ses états de service contre les employés municipaux chargés de notre extermination, j'avais une irrépressible curiosité qui me joua bien des tours.

Comme tout enfant « naturel », j'ai commencé par essayer de retrouver mon père. L'affaire s'avéra très difficile, vu le nombre de pauvres pigeonneaux dans le même cas que moi.

En fait tous les jeunes pigeons que vous voyez anxieux et fébriles, voler sans cesse d'un endroit à un autre comme des âmes damnées sont en réalité à la recherche de leur père.

Le jeu de piste, palpitant et mystérieux au début, devint très vite lassant puis tragique.

Paris, cathédrale Notre-Dame. Construite aux XIIe et XIIIe siècles par un architecte dont l'histoire omit de retenir le nom. Le cœur de Paris y bat depuis toujours d'un bruit plus ou moins fort selon les caprices des hommes.

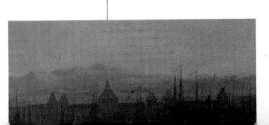

Mon héros de papa, je l'ai retrouvé par hasard, un jour de décembre, faisant ses adieux à la vie avant de se lancer dans la traversée à pied du boulevard périphérique. Il fit quelques pas sans même essayer de battre des ailes et...

Chez nous, les pigeons des villes, la mort est redoutable et sans pitié.

Le nombre considérable de voitures et de bus est une arme efficace contre le vieillissement prolongé de notre espèce. Un jour on perd ses réflexes vitaux et se met à rêvasser en plein milieu d'un carrefour, la circulation fait le reste.

La recherche de mon père n'a cependant pas été inutile. Elle m'a sorti de mon beau Saint-Germain-des-Prés pour me faire découvrir des endroits dont je ne soupçonnais pas l'existence.

Saint-Germain-des-Prés est un quartier attachant.

Les gens viennent de partout pour y rencontrer des ombres, humer l'air qu'ont respiré des disparus illustres qui ont fait et refait le monde à la terrasse de ses cafés, dans ses caves, sous ses mansardes.

La poésie, la peinture et la littérature ont canonisé ses murs, ses pavés, son église avec son parvis, c'est peut-être pour cela que l'âme du lieu continue à sévir alors que son corps se laisse aller à l'uniformité.

On y parle beaucoup, de choses futiles ou importantes mais on n'en croit pas un mot.

Je me souviens du jour où pour la première fois, sorti de mon nid en l'absence de ma mère et après un court survol de la rue

Paris, fontaine des jardins de l'Observatoire. Sculptés par Davioud en 1873, les chevaux de bronze se cabrent, s'insurgent mais restent solitaires dans la pureté glacée d'une rude matinée d'hiver.

Paris, quartier de Beaugrenelle. Buildings du front de Seine. Une certaine conception de l'urbanisme qui tend à détourner le regard de la terre vers le ciel.

Paris, quartier des Halles. Lieu mythique du marché d'alimentation de Paris depuis la fin du XIIe siècle jusqu'en 1969, le « ventre de Paris » a été entièrement démoli pour laisser place à un complexe commercial et culturel qui continue à attirer les noctambules.

Bonaparte, je suis tombé nez à nez avec la Seine. Après une halte sous un saule pleureur au bout de l'île de la Cité, je me suis posé sur une corniche dorée du Louvre.

Sans le savoir, j'étais assis sur un échantillon sublime du patrimoine de l'humanité, qui allait devenir le plus grand musée du monde. Un musée avec une pyramide transparente en plein milieu pour dire qu'il n'a rien à cacher, que tout est ouvert à tout le monde et que pour monter au firmament de l'émotion, il faut d'abord faire un tour dans les entrailles de la terre.

Je voyais en face de moi, de l'autre côté de la Seine, un dôme gris qui adoucissait ce paysage de carrés. Je l'ai longtemps pris

pour un pigeonnier de luxe avant de l'adopter moi-même comme poste de repos et d'observation.

L'endroit est calme, il ne s'y passe jamais rien.

La mort de ma mère coïncida avec la brusque disparition de madame Thérèse, notre bienfaitrice de toujours, connue pour avoir les meilleures miettes de Paris.

Comme tous les vieillards solitaires que la ville rejette parce qu'ils ralentissent son rythme, elle jonglait avec sa solitude pour passer le temps mais la perfectionniste qu'elle avait toujours été ne pouvait faire les choses à moitié. Au jardin du Luxembourg, à côté de la fontaine Médicis, il fallait se battre à mort pour ne pas rentrer bredouille. Même

Paris, rue de Rivoli, passage du Tour de France. A Paris, au mois de juillet, la ville devient le théâtre d'étranges spectacles toujours inhabituels pour ses pavés. Du défilé militaire à l'arrivée de la grande course cycliste, chacun vient applaudir sa conception de l'héroïsme.

Paris, place du Tertre.
Paris a aussi ses villages
pittoresques. Les ruelles
de la butte Montmartre
montent vers la basilique
du Sacré-Cœur et la place
du Tertre, et trouvent sur
leur chemin quelques
parcelles de vignes, des
airs d'accordéon qui
rôdent dans les parages
et le crépitement du
fusain des portraitistes
des rues sur leur page
blanche.

Paris, vue vers l'Est depuis les tours de Notre-Dame. Il y eut d'abord la tribu des Parisii, puis les Romains, de 52 av. J.-C. jusqu'au v siècle. Lutèce devint Paris en 360 et les comtes de Paris y fondèrent la dynastie des Capétiens quelque cinq siècles plus tard. Ville capitale, ville de pouvoir, Paris fut aussi ville rebelle et fantasque. Aujourd'hui encore, il lui arrive de laisser résonner dans ses rues des grondements revendicatifs que ses vieilles pierres aiment tant.

Flandres, Cassel. Jour de carnaval. Chaque ville a ses mystères enfouis dans ses entrailles comme des perles précieuses que le déguisement des jours de carnaval permet de découvrir. Les secrets apparaissent sur les visages et les costumes qui traduisent les rêves, les fantasmes et aspirations de toute une communauté.

les moineaux ridicules et peureux se jet-
taient à corps perdu sur les miettes.

Habitué à une vie de luxe, ma souffrance
était immense quand j'attendais, faute de
mieux, la fin du marché de la rue de Buci
pour venir disputer un morceau de fromage
pourri avec d'autres pigeons paumés comme
moi.

Non, cette vie-là ne pouvait continuer ainsi.
Il me fallait trouver un mécène, un « spon-
sor ».

La vie citadine rend les humains égoïstes et
méfiants envers leurs semblables ; ainsi ils
développent un sentiment coupable qu'ils
apaisent en donnant de temps à autre quelques graines défraîchies ou un vieux morceau de pain aux oiseaux de passage.

Je laissais aux autres ces largesses épisodiques et recherchais une pitance franche et
sans arrière-pensée.

Rosalie, jolie petite fleur d'ailleurs ne
prendra jamais racine à Paris. Emerveillée
par ses beautés, effrayée, dépassée par son
rythme et sa loi, elle passe de longues heures
à sa fenêtre, rue Royer-Collard à contempler
au loin la tour Eiffel qu'elle aime bien pour
sa nudité transparente.

Elle me nourrit avec patience et application.
J'espère qu'elle trouvera dans sa fascination
pour cette ville l'énergie de tenir le coup. Elle
veut être chanteuse mais sa voix me fait un
peu peur.

Un pigeon peut aussi avoir une vie spirituelle, artistique, mondaine.

*Paris, marché de la rue
Mouffetard. Le marché à
la ville est un
dépaysement, une
émergence furtive de la
campagne sur les pavés,
un vent de fraîcheur qui
vient frôler l'anonymat
des trottoirs et insuffle la
convivialité sur les
visages solitaires.*

Lyon, de la colline de Fourvière, panorama sur la ville et la primatiale Saint-Jean. Posée sur le Rhône et la Saône, Lyon est la deuxième agglomération de France. Carrefour des influences que ses « traboules » — passages étroits entre deux rues à travers un pâté de maisons — ont canalisé pour en faire une grande ville à forte personnalité.

Rouen, capitale de la Haute-Normandie. Cathédrale Notre-Dame et l'église Saint-Maclou. La Seine y prend des allures marines et reflète ses dernières étincelles citadines avant d'aller se fondre dans la Manche.

Le 14 juillet pour la garden-party de l'Elysée, il y en a autant que d'invités officiels et devant les galeries d'art de la rue de Seine ils ne hantent pas moins le trottoir que les plus mordus des badauds.

Il y en aura toujours plus sur le parvis de Notre-Dame que dans les cités H.L.M.

Il m'est arrivé de voyager pour voir d'autres cieux, d'autres couleurs mais surtout d'autres villes.

Ainsi je me suis trouvé un jour à Rouen en suivant le long de la Seine un groupe de joyeuses mouettes. Sur la tour couronnée de l'église Saint-Ouen, cela sentait déjà la mer.

Un autre jour, en me glissant dans un wagon de marchandises, j'ai pris un train dont j'ignorais la destination. Strasbourg m'a beaucoup surpris par son quartier de la Petite France qui a bien failli me retenir. Marseille, Lille, Bordeaux, Toulouse, elles ont toutes la couleur France bien que différentes de corps, de rythme et d'esprit.

Chose rassurante, les pigeons sont partout pareils.

Pour notre nuit de noces je voulais le plus beau toit de Paris. Elle insistait, impatiente, en disant que notre amour trop physique n'avait pas besoin de décorum mais il y a des

soifs que l'on n'assouvit pas n'importe où.
Finalement, j'ai choisi le toit du Grand Palais
par un soir d'exposition quand il était bien
éclairé.

Des faisceaux de lumière des bateaux-
mouches couraient après les constellations
du zodiaque dans le ciel et la tour Eiffel
tenait ferme pour que le monde ne se ren-
verse pas.
Je voulais que cette ville tant adorée parti-
cipe à ma joie, prenne part à ma jouissance.
Je lui faisais cadeau d'un bon paquet de
rêves que j'avais mis de côté pour pareille
occasion.
Ce soir-là sur le Grand Palais, une fois
l'action de grâce de l'espèce exécutée, ma
belle s'envola avec sa tendresse à la recherche d'un nid. Sensibilisée à la crise du loge-
ment, elle ne voulait perdre une minute dans
l'accomplissement de son devoir.
Je suis resté un long moment avec le ciel de
Paris qui avait pas mal rougi.

Quand ils éteignirent les lumières, je me
mis à virevolter comme un fou sur l'esplanade des Invalides.
Cette nuit-là, Rosalie avait fermé la fenêtre
de la cuisine. Elle recevait un ami.

A la butte Montmartre les pigeons ne
portent ni foulard rouge autour du cou, ni
béret sur la tête.
Ils ne font pas le portrait des touristes sur la
place du Tertre ni ne chantent dans les
cabarets alentour.

*Tours, place Plumereau.
Baignées dans la chaude
lumière du Val, maisons
du XVᵉ siècle donnant sur
une mer de parasols.*

C'est que pour monter si haut il faut avoir de bonnes raisons.

A la butte Montmartre il y a des hommes qui se prennent pour des pigeons. Les quelques mètres dérisoires qui les séparent du sol leur donnent des ailes. Parfois ils se lancent dans le vide. C'est pour cela que le Bon Dieu a créé le chagrin d'amour.

Le funiculaire de Montmartre est toujours moins bondé à la descente.

Je n'aimerais pas mourir comme mon géniteur en me laissant écraser par un conducteur en mal de sensations fortes.

On ne peut vivre impunément avec tant de monuments grandioses sans en devenir un soi-même.

La mort dans ce cas devient plus injuste encore, elle tombe vraiment très mal.

Loin de demander l'immortalité qui me fatiguerait, j'en suis sûr, j'aimerais simplement partir de mon plein gré, pour déguster jusqu'au dernier instant, la moindre parcelle de cette ville.

Quand le moment viendra, je prendrai mon départ à Notre-Dame sur une des tours. Je survolerai l'île de la Cité, puis l'Hôtel de Ville et la tour Saint-Jacques au Châtelet.

Après ce petit tour, mes dernières forces seront pour l'axe final. Le Louvre, le diamant renversé qu'est sa pyramide, la Concorde, l'Etoile qui n'a pas fini de briller, et enfin, la porte qui donne sur le ciel : l'Arche de la Défense, frontière de deux mondes.

A bout de forces, je n'irai pas bien loin. Je tomberai de fatigue dans une banlieue béton.

Encombrer un caniveau parisien de mon corps inerte me fâcherait beaucoup.

Il en arrive tous les jours pour se jeter dans les bras de Paris.

Provincial ou étranger, ils ont le regard perdu dans leurs espérances et un sac ou une valise à la main.

Le spectacle de la ville les fascine mais les occasions attendues se font rares. Ils se diluent dans la foule pour faire partie de la troupe des figurants déçus et endormis.

Pour ceux qui résistent et veulent rester éveillés, le spectacle continue, plus splendide chaque jour.

Paris, la Grande Arche de la Défense. Il fallait à ce quartier d'affaires un œil sur l'infinie espérance des jours à venir. Von Spreckelsen conçut ce gigantesque cube évidé qui laisse les rayons du soleil couchant venir empourprer le parvis et l'eau des bassins à ses pieds.

Les églises
basilique blues

Havres de certitude, abris solides contre les aléas de la roue de l'univers, les églises jalonnent la terre de France pour guider les rêves égarés des hommes.

Durant des siècles elles furent le terrain d'expression favori des créateurs, artistes et bâtisseurs qui cherchaient à plaire à Dieu en accomplissant jusqu'au bout les aspirations de leur imaginaire.

Aujourd'hui certaines pâtissent de l'infidélité de l'homme qui les délaisse, et de l'érosion du climat armée de dents inusables qui croque morceau par morceau leurs vieilles pierres, mais elles savent tenir, l'ancre qui les retient au sol en a vu d'autres.

Il y a parmi elles les « stars », majestueuses et incontournables, les grandes cathédrales étincelantes sous les flashes des férus des « grandeurs des temps anciens ».

Chefs-d'œuvre de l'art roman ou joyaux de l'art gothique, elles ne seront jamais abandonnées et ne connaîtront la lourde solitude des sans-grade, des inachevées, de toutes celles qui forment la grande majorité des « petites maisons du silence ».

Des pèlerins et des processions, la Basilique garde un bon souvenir. Cela créait une fervente animation dans le petit village de Marçay, qui en temps normal faisait la planche sur une mer de tranquillité.

On venait de toute la région voir cette église flambant neuf, bâtie grâce à la générosité des fidèles du pays ou même de lointains départements dans le Nord, sans parler de l'argent providentiel arrivé du Canada.

Le curé de Marçay était un drôle de petit bonhomme, ingénieux et entreprenant.

Il avait participé au procès de canonisation de saint Benoît-Joseph et reçu en récompense l'autorisation d'offrir aux gens de sa paroisse une église plus grande, à la mesure de ses ambitions pour l'ardeur de leur foi.

L'église de Marçay, la vieille Saint-Médard, trop exiguë avait certes son charme mais « en religion comme en tout, il faut marcher avec son temps », disait-il calmement.

C'était à la fin du siècle dernier à quelques kilomètres au sud de Poitiers. La Basilique s'en souvient comme si c'était hier.

Le terrain à la sortie du village, sur la route de Vivonne, avait été choisi et les travaux tant attendus formèrent un grand chantier où l'on construisait pierre par pierre un édifice à la gloire de l'éternité.

Le Poitou est une des patries de l'art roman. Un art subtil, dépouillé de toute extravagance et fioriture qui détourneraient le regard de l'expression du sacré.

Mais la Basilique devait être différente. Il fallait au contraire, exalter le sentiment religieux par des images fortes, des formes qui bousculent l'horizon dans une unité spatiale plus grande.

De hautes fenêtres destinées à recevoir des vitraux pour disséquer la lumière du jour, une stature imposante pour servir de modèle à la hauteur d'âme des pèlerins, les saints, les apôtres, les rois et reines de la Bible, il fallait rassembler tous les symboles. L'abbé avait vu grand et on lui donnait raison.

A l'inverse de la générosité divine, celle des hommes est limitée et souvent insuffisante. La construction du clocher fut compromise avec l'épuisement des réserves pécuniaires récoltées mais l'abbé restait optimiste car la toiture était terminée.

Ah, comme douces étaient les prières qui venaient ricocher sur les colonnes et nervures pour s'élever davantage encore dans les airs.

L'entrée de la procession dans la nef, les reliques du saint patron de l'église gardées comme des titres de gloire, la cérémonie de consécration... enfin, c'était il y a si longtemps. Les hommes oublient, passent leur chemin, abandonnent et les pierres restent.

En 1905 la séparation de l'Eglise et de l'Etat sonna le glas du destin présumé brillant de la Basilique. D'expropriation en procès, elle fut lâchée de tous et devint propriété d'une entreprise pour servir d'entrepôt.

Les insignes du sacré ont été enlevés et la pauvre Basilique n'eut plus que ses gargouilles pour pleurer quand le ciel voulait bien compatir à son malheur.

Au village, on oublia sa construction, son passé, sa courte mais prometteuse carrière, jusqu'à son nom. On prit l'habitude de l'appeler « la Basilique ».

Belle revanche pour la petite église paroissiale qui avait craint pour ses murs, de retrouver ces gens, jeunes ou vieux qui l'avaient un moment désertée. Saint-Médard les avait vus naître, c'était l'église de leur baptême.

Alsace, Colmar, chapelle
du musée d'Interlinden.
Le retable d'Issenheim,
peint par Matthias
Grünewald au XVIᵉ siècle.
« La lumière est avant
tout une sensibilité
diffuse que distinguent
les regards tournés vers
l'intérieur. »

Picardie, Amiens, cathédrale Notre-Dame. Construite selon les plans de Robert de Luzarches au XIIIᵉ siècle, c'est le plus vaste édifice gothique de France. Il faut à la passion une charpente solide pour que la foi s'y exalte jusqu'au firmament.

L'intérieur de la Basilique est sombre et sent l'humidité. On a muré quelques fenêtres pour empêcher de s'échapper le peu d'âme et de dignité qui y restaient mais comment garder la tête haute quand de sanctuaire à la mode, on devient entrepôt pour matériel de bâtiment.

Le soir, à l'heure où sonnent les nombreux coups arrogants du clocher voisin, la Basilique se met à rêver.
Elle se prend pour le Mont-Saint-Michel : merveille de l'Occident, construit sur un rocher au milieu de rien. Elle s'imagine être Notre-Dame de Paris : navire lesté de personnages de pierre surnageant sur les flots de la capitale. Elle se met dans la peau de la cathédrale de Chartres pour sentir la lumière venir se fracasser sur ses vitraux. La cathédrale de Reims, la Sainte-Chapelle de Paris...
Le réveil matinal est douloureux : le coq du voisin pousse des cocoricos à faire trembler les ardoises de la toiture, les vaches traversent la rue en marmonant des histoires stupides et surtout la cloche de Saint-Médard qui commence à la narguer dès le matin.
Au bout du nouveau cimetière, la pauvre Basilique a une vie bien triste.

Une conversation devant son portail était chose assez rare pour qu'elle tendît l'oreille. Il était question de rachat, de réhabilitation, de travaux d'embellissement. Elle en frémit de joie. Il fallait plaire, attirer l'attention, susciter de l'intérêt, l'occasion ne se représenterait peut-être jamais.
Elle plut au jeune visiteur habillé de noir qui accompagnait le propriétaire. En fait il s'agissait non d'un jeune prêtre mais d'un homme d'affaires, tout excité à l'idée de transformer la Basilique en une sorte d'antichambre de l'enfer, sur trois niveaux avec sur le toit un joli clocher tout en contreplaqué, orné de néons et faisceaux lasers pour atteindre dans sa tanière la jeunesse disco-rock de la région.
Le propriétaire, riche et concret mais aussi homme de conviction et pratiquant, avait repoussé l'offre alléchante, la mort dans l'âme.
Il voulait bien se débarrasser de sa basilique mais pas pour la voir devenir un lieu de perdition.
« Une boîte de nuit, c'est tout de même moins blessant qu'un entrepôt », avait lancé l'affairiste avant d'enfourcher sa Harley Davidson.

La Basilique ne s'est pas offusquée de cette offre et pour cause : existait-il au monde pire affront que la solitude poignante d'un hangar de troisième classe ?
Les accords mesurés et mélodieux d'un orgue sont plus propices au recueillement que les décibels d'un morceau de rock and roll mais il était possible d'imaginer un réveil soudain de la foi chez ceux qui viendraient se dégourdir les jambes sur le carré du transept devenu piste de danse.

Aisne, cathédrale de Soissons. Croisillon nord, vitraux du XIIᵉ siècle. « Les églises jalonnent la terre de France pour guider les rêves égarés des hommes. »

Le projet était donc intéressant bien qu'original et si cela ne tenait qu'à elle...

Il y eut une terrible tempête qui arracha un coin de la toiture, ce qui permit aux oiseaux de venir passer la nuit à l'abri de la pluie tout en s'approchant un peu de Dieu. La Basilique fatiguée mais toujours de bonne humeur remercia le ciel de cette injection de vie, in extremis, en son sein.

René Bonnevaux était un homme de passion, de science et de mémoire.
Sa vie de rentier durant, il s'était intéressé à l'architecture religieuse dans le but de parvenir un jour à croire complètement en Dieu mais au fil du temps, son cheminement l'avait davantage séduit que l'objet même de sa quête.

Avec les églises, il était paternel et protecteur, doux et prévoyant, n'omettant jamais de s'enquérir de l'état d'une église et demander son autorisation avant d'y entrer.

On le disait capable de mettre un nom sur chacune des quatre mille figures sculptées de la cathédrale de Chartres ou de traverser la France pour visiter une petite église oubliée.

Il aimait le jardin du cloître du Mont-Saint-Michel, entouré de colonnettes de granit rose disposées en quinconce mais ne s'y rendait qu'à l'automne pour avoir les plus beaux couchers de soleil du monde.

Les prêtres avaient sa sympathie car ils prenaient souvent l'odeur caractéristique de leur église.

Indre, Châtillon-sur-Indre. Reconstitution d'une noce berrichonne sur le parvis de l'église Notre-Dame. L'église au village, c'est la part impersonnelle du passé et de l'espérance que l'on partage depuis toujours.

Il allait à la messe pour vérifier l'acoustique des lieux et mettait toujours un gros billet dans le tronc pour qu'on prît soin de sa bien-aimée.

Il recueillit la Basilique Saint-Benoît-Joseph comme un vieux chien famélique sur une route de campagne par un matin gris. Ils se regardèrent un instant, la Basilique le prit pour un chasseur à la recherche d'un lieu d'aisances et René l'imagina encore au service de Dieu avant de pousser son portail pour se retrouver dans la désolation matérialisée.

Pour la sauver, René décida d'en faire sa demeure où il s'arrêterait enfin pour se préparer au « grand départ ». C'était le lieu idéal pour un sceptique comme lui où se faire enterrer. Que pourrait-on reprocher à un homme qui se lève de sa tombe, le jour hypothétique du jugement dernier, dans une basilique refaite à neuf.

Véritable fardeau matériel et moral depuis des décennies, la Basilique vendue soulagea à ce point son propriétaire qu'il mourut de bonheur accompagné d'une crise cardiaque. L'espoir naquit dans ses fenêtres non murées le jour où on la débarrassa des mille choses sans importance qu'on y avait entreposées.

Elle avait oublié ses propres dimensions, ses atouts, ses points forts. La confiance revenue, elle ne se trouva pas si mal.

Au cours de sa vie, René avait vu assez d'églises de forme et de style différents pour ne pas avoir envie de mettre son grain de sel

Bretagne, calvaire de Plougastel-Daoulas. Construit après la peste de 1598 par les frères Bastien et Henri Priget, il comporte 180 personnages illustrant des scènes bibliques. La croix du Christ entourée par les croix des larrons surplombent une foule de personnages vivants et expressifs qui murmurent leurs secrets au vent du large.

Indre, Nohant-Vic, église Saint-Martin de Vic. Arrestation de Jésus et le baiser de Judas, fresques du XIIe siècle, sauvegardées grâce à George Sand et Prosper Mérimée.

dans la rénovation de sa basilique personnelle.

Trouver des spécialistes de chaque corps de métier étant au-dessus de ses moyens, plus modestes chaque jour, il fallait parer au plus urgent. On passa donc une bonne couche de peinture à l'extérieur, reboucha les trous de la toiture et ouvrit à nouveau toutes les fenêtres murées.

Dans le village, l'émotion fut grande le jour de la fin des travaux, lorsque les échafaudages furent enlevés pour la laisser resplendir comme au temps de sa gloire.

L'intérieur se noyait dans un terrible vide, impossible à combler. Ne voulant pas trop défigurer la disposition originale des choses, René se fit simplement construire deux chambres dans les croisillons du transept ; l'une munie d'un portail latéral devait servir de cuisine-salle à manger et l'autre de chambre à coucher. Entre les deux, du rond-point du chœur jusqu'au narthex : le désert de la nef.

Cela ressemblait à un terrain de football sans joueur ni spectateur.

L'été et l'automne passèrent dans une harmonie parfaite. Peu à peu, la Basilique et René avaient appris à se connaître et à se soutenir. Pour la première fois, il y eut quelques promeneurs autour de la Basilique.

Leur bonheur fut cependant de courte durée. On pensait les rafistolages de la toiture trop sommaires pour passer l'hiver et c'est René qui flancha à la première vague de froid, sans même avoir eu le temps de choisir l'emplacement de sa tombe.

Comme tous les héros romantiques, il avait péri dans les bras de sa belle.

Normandie, Caen. Parade des géants devant l'abbaye aux Hommes. Après la levée de l'excommunication prononcée à leur égard par le pape, Guillaume le Conquérant et la reine Mathilde font construire au XIe siècle deux abbayes : l'une « aux Hommes » et l'autre « aux Dames ». La politique et la foi ont eu de ces liens invisibles !

Haute-Corse, le Nebbio,
église San-Michele. Art
roman pisan du xiiᵉ siècle.
La polychromie de ses
pierres se fond dans la
beauté de ce petit pays de
montagne. On sent le
paradis tout proche, non
loin du clocher-porche de
San-Michele peut-être.

Haute-Garonne, église
Saint-Just de Valcabrère,
cathédrale
Saint-Bertrand-de-
Comminges (xiiᵉ siècle).
Etape importante sur la
route de
Saint-Jacques-de-
Compostelle. « Les
routes servaient aux
pèlerins à discerner en
eux-mêmes les véritables
raisons de leur
pèlerinage. »

Amère, blessée, elle s'en souvient encore : la procession, la consécration, la messe solennelle, sa résurrection par un vieillard mort de froid sur ses dalles... elle s'en souvient et se laisse aller.

Ses pierres s'effritent pour un rien et ses gargouilles en ont assez de servir à l'écoulement des eaux de pluie, ses dalles se mettent à bouger pour laisser la végétation venir égayer leur sordide destin.

Loin des merveilles architecturales du patrimoine français, loin des magnificences des cathédrales et des charmes des petites églises de caractère, loin de tout.

Elle souhaita un tremblement de terre, un ouragan, des inondations ou alors un bombardement, comme dans le temps.

Bretagne, Monts d'Arrée, église de Rumengol, détail du retable. En Bretagne, la foi a pris racine dans le granit et le schiste, ces mêmes pierres qui ont servi à construire ses églises.

Une nuit d'été, elle fut réveillée par des mots d'amour. Une jeune fille étendue sur les dalles, se berçait de la voix de son amant. Il était question d'amour, de fidélité, de vie et de mort. La Basilique passa une nuit très agitée.

Les amants prirent l'habitude d'y venir souvent mais parlaient de moins en moins. La Basilique fut la première à les entendre fixer la date de leur mariage.

Le jour du mariage, la cloche de Saint-Médard devint plus agaçante que jamais. Le cortège des mariés passa devant le portail de la Basilique sans le moindre signe d'attention. Elle qui avait abrité sur ses dalles fraîches la naissance de leur amour.

Elle laissa s'effondrer son toit pour faire du
bruit mais personne ne s'en inquiéta.
    La Basilique se souvient.

*Strasbourg, cathédrale
Notre-Dame. Détail du
portail de droite.
Courageuses,
passionnées ou naïves les
Vierges Folles se laissent
tenter par le séducteur.
Que penser de celle qui
dégrafe déjà sa robe ?*

*Yonne, église de
Montréal. Motif des
stalles en chêne sculpté,
attribuées à Rigolley (fin
du XVIe siècle). Note
d'humour dans la maison
de Dieu.*

Paradis perdus
un amour de France

Paradis perdus

Loir-et-Cher, château de Chambord. Fruit des rêves fous d'un roi – François Ier – de l'immense talent de Léonard de Vinci et de plusieurs maîtres maçons, cette merveille de la Renaissance construite au XVIe siècle étale sa fastueuse beauté au milieu des bois. Chambord impose le silence et le respect comme toute chose parfaite et immuable. Même l'eau n'ose jamais troubler son image.

« Le Paradis » était un gros livre d'images que le Bon Dieu feuilletait, entre deux créations gigantesques, pour ne pas s'endormir. Un jour le livre lui tomba des mains et ses pages s'éparpillèrent aux quatre coins du monde. Il y eut des contrées privilégiées qui en reçurent beaucoup et d'autres, maudites ou oubliées qui en eurent moins.

La France, chanceuse, vit tomber sur son sol tout un chapitre que les hommes s'empressèrent de copier avant que l'usure du temps ne grignotte les précieux feuillets.

Cela donna des merveilles qui au fil des ans, sont devenues son essence, sa quintessence, ce qui restera toujours vivant dans la mémoire des générations.

Des merveilles de paysages de forêts, de sommets, de côtes escarpées giflées par la mer ou de châteaux et cathédrales caressés, embellis par la patine du temps.

Visités par des millions de touristes ou abandonnés, solitaires et en ruines, ces lieux sont tous habités par des âmes nobles et ambitieuses, heureuses de flâner pour l'éternité dans un bout du « Paradis perdu ».

Enfant, j'étais Louis XIV. Je fréquentais quotidiennement l'histoire de France et cela me plaisait bien.

Nous habitions à deux pas du château de Versailles dont le parc, avec ses allées aux noms bizarres, ses fontaines et jardins, était notre terrain de jeu favori.

Tous les jours après l'école, nous nous réunissions à l'Etoile des Ha !! Ha !!, vaste espace découvert traversé par l'allée du même nom, derrière les jardins du Grand Trianon.

On formait un cercle et décidait du scénario du jour qui devait immanquablement se terminer par une course-poursuite autour du Grand Canal.

Nos petits vélos étaient des pur-sangs et nos casquettes, de somptueux chapeaux à plumes XVIIIe.

A d'autres les cow-boys et les indiens ou les ridicules histoires de gendarmes et de voleurs, ce qui nous intéressait, c'était la grandeur du passé, les batailles glorieuses et propres où tout le monde gagnait à la fin et se réconciliait.

La distribution des rôles se faisait au mépris de toute chronologie et vérité historique : Henri IV pouvait très bien se fâcher contre Napoléon ou Louis XVI attaquer

Tarn, Albi, chevet de la cathédrale Sainte-Cécile. Symbole de la grandeur retrouvée, après la croisade contre les Albigeois, elle fut terminée à la fin du XIVᵉ siècle. De la terre au ciel, il y a de vieilles briques posées l'une sur l'autre pour aller vers le dépouillement nécessaire à la tolérance.

Saint-Louis pour venger sa femme guillotinée par les Sarrazins.

L'histoire pour nous, c'était une grande bande dessinée pleine de personnages remarquables et intelligents vivant en communauté, qui passaient leur temps à se trahir les uns les autres, à construire des châteaux et des citadelles ou à instaurer des lois.

On les ressuscitait donc au gré de notre humeur ou de la leçon d'histoire de la veille et chacun s'efforçait de tenir son rôle avec fidélité et conviction car le cadre solennel de Versailles interdisait toute légèreté ou manquement aux usages élémentaires des grands personnages.

Le château de Versailles est une immense maison que son propriétaire a fait construire dans une zone marécageuse mais giboyeuse pour rappeler à tout le monde qu'il était roi de France.

Fouquet avait fait Vaux-le-Vicomte, le roi s'en offusqua, prit les mêmes artistes pour bâtir Versailles.

Parcourir ses galeries et salons, ses cabinets et antichambres, fruits du travail de milliers de sculpteurs, peintres, tapissiers, ciseleurs, sur plusieurs décennies, me comble aujourd'hui d'un délicieux bonheur mais « l'enfant roi » que j'étais, préférait le parc que je n'avais jamais fini de découvrir.

Le coucher de soleil sur le char d'Apollon surgissant des flots de son bassin fut un de ces moments de découverte. L'heure de la

Indre-et-Loire, château de Langeais, tapisserie flamande de la fin du XV siècle. La vie des grands seigneurs avait des douceurs champêtres que l'on immortalisait pour les transmettre aux générations futures. Moment délicieux de joie et d'impatience embaumé du parfum des fleurs.

fermeture était proche et notre reconstitution de la guerre de Hollande commençait à me fatiguer.

Les alliances et mésalliances débouchaient ce jour-là sur une pagaille néfaste à l'intensité du jeu, aussi avais-je décidé de remettre ma victoire au lendemain et de regagner mes appartements, lorsque dans la grandiose perspective du château, je remarquai une étrange animation dorée dans le bassin, de l'autre côté de l'esplanade bordée de statues blanches et exhibitionnistes.

Soudain, Apollon sur son char devint plus lumineux que le soleil et répandit ses feux sur les arbres alentour.

Les monstres marins qui l'accompagnaient lançaient des éclairs à mesure que l'eau du bassin s'empourprait pour devenir finale-

ment une mare de sang.

Dès le lendemain on admit le personnage d'Apollon dans la panoplie de notre jeu mais personne n'osa se l'attribuer.

A l'époque où Versailles était habité par les rois, des milliers de personnes vivaient dans cette vitrine de l'art de vivre à la française.

Certes on y naissait, grandissait et mourait comme dans n'importe quel autre point du monde mais selon le « bon goût » et « l'esprit » qui constituaient les deux piliers sur lesquels il fallait bâtir son existence.

Sa fréquentation nous transforma peu à peu, bien malgré nous. L'envol d'un canard de luxe sur le lac du Hameau de la reine prenait les dimensions d'un spectacle amu-

Versailles, parc du château, bassin d'Apollon. Sur son char entouré de monstres marins, Apollon surgit des flots vers les reflets dorés de l'automne. L'œuvre de Tuby est un mouvement perpétuel vers la lumière et la clarté.

sant que nous adorions provoquer en lançant d'inoffensifs cailloux au nez et à la barbe des gardiens zélés.

Puis un jour on s'assit tranquillement au bord du même lac et prit davantage de plaisir à contempler en silence les maisonnettes du Hameau avec leur toit de chaume et leur air faussement modeste.

Les marbres roses du Grand Trianon réussirent à leur tour, à nous amadouer pour qu'on les regarde briller simplement plutôt que de graver nos « faits d'armes » sur leur peau fragilisée par le temps.

Nous, enfants du vingtième siècle ignorant les prouesses artistiques et techniques qu'avait nécessité l'édification d'un tel ensemble, ne pouvions cependant rester insensibles à l'attirance de la Colonnade : ce

Normandie, château de Balleroy. Mansart pour l'édifice et Le Nôtre pour le parc, envolée féerique de la réalité au-dessus des rêves de toute une époque.
(page suivante).

*Maine-et-Loire,
château d'Angers.
Forteresse du XIIIe
siècle qui contient le
plus riche musée de
tapisseries du monde.
Ses fossés profonds
accueillent des
parterres de fleurs
pour faire oublier leur
austérité d'antan.*

cercle formé de colonnes de marbres multi-colores qui semble avoir été créé pour emprisonner le souffle de ceux qui tombent dans le piège de son charme, à travers ses grilles toujours fermées.

Si au début, on criait à se rompre les cordes vocales pour voir dans la timide résonnance produite, une confirmation de notre vitalité d'enfant, on entendit un jour le murmure de deux touristes japonais prendre de l'ampleur pour devenir un chant exotique poussé par les masques en bas-relief des clefs.

A travers nos jeux puérils et nos balades à Versailles, nous devînmes une bande d'amis fidèles, férus de vélo et de marche à pied, très mauvais en mathématique mais imbattables en histoire.

Chenonceau les pieds dans l'eau. Dans la vallée du Cher, il enjambe le fleuve avec désinvolture pour relier l'œuvre de l'homme avec ses édifices et jardins géométriques d'une rive, à la nature profuse et sauvage de l'autre.

Je l'ai vu un après-midi d'automne à l'heure où les rayons du soleil s'essoufflent peu à peu et laissent monter du sol une légère brume qui vient effacer les dernières traces du réel sur les choses.

Chambord le prétentieux, trop beau pour être vrai. Et pourtant...

Des collines du Pays Fort à l'Est jusqu'aux bocages de l'Anjou et du Maine à l'Ouest, le pays de la Loire est une terre fertile en châteaux.

Les plus célèbres, les plus spectaculaires font courir le monde entier à leur porte, les petits n'attirent que les plus assidus des promeneurs du dimanche qui les regardent souvent avec vénération.

Glorieux ancêtres de Versailles ou pauvres émanations de son éclat, ces symboles du bon goût et de l'amour de l'art continuent à étinceler tous les jours de 9 heures à 18 heures pour le commun des mortels et le reste du temps pour les très rares visiteurs et résidents privilégiés qui peuvent errer dans leurs mystères en toute quiétude.

J'ai voulu me laisser enfermer sur la terrasse de Chambord pour voir la nuit tomber sur ses lanternes, cheminées et lucarnes sculptées, mais très vite j'ai eu peur d'accéder à d'interdits secrets, trop lourds à porter à mon âge et j'y ai donc renoncé.

La nuit, il se passe toujours des choses bizarres dans ces lieux-là.

Plombières-les-Bains, petite station thermale des Vosges a eu ses heures de gloire au siècle dernier.

Son luxe clinquant, au goût du « jet-set » de l'époque est à peine défraîchi par quelques décennies d'oubli, comme si les lieux espéraient toujours le retour des riches capricieux pour se mettre à vivre à leur véritable rythme.

En attendant, on se démocratise, histoire de faire goûter aux moins riches quelques cuillerées d'une sublime époque, petit déjeuner compris, au prix d'une banale chambre d'hôtel.

Les vieilles pierres ont-elles aussi leur chagrin d'amour mais Plombières-les-Bains ne laisse rien apparaître. Tout y est silence et dignité dans l'indicible certitude d'un prochain retour des villes d'eaux à la mode.

Les quelques jours que j'y ai passés, je les ai volés au temps qui ne s'en est même pas aperçu.

On grandissait aussi vite qu'on pouvait et Versailles se révélait de plus en plus à notre esprit.

On l'avait aimé, puis comparé à d'autres et définitivement adopté.

Passé l'âge de jouer au Roi-Soleil, c'est son aspect poétique et son imperturbable harmonie qui nous attiraient dans ses bras.

Paradoxalement, les adolescents que nous étions devenus ressentaient une liberté infinie dans cet ensemble d'ordre où la dictature de l'homme contre la nature était impitoyable.

L'alignement des arbres, la succession des bassins et des allées bien dessinées avaient quelque chose de rassurant.

On en tirait une ambition secrète pour nos vies futures.

Nos rêves les plus fous pouvaient-ils être plus inaccessibles que cette parfaite maîtrise de la nature que nous traversions tous les jours ?

Oui, Versailles donne des ailes, Versailles peut rendre fou.

Au-delà même de la banale victoire de l'homme sur la nature, on y découvre la matérialisation d'une certaine beauté à plusieurs degrés où chaque individu reçoit selon ses capacités sensorielles et émotionnelles.

On y écrivit nos premiers poèmes, ceux qu'on a égarés et qu'on ne retrouvera qu'au crépuscule de notre vie.

L'automne c'est la saison de l'Est de la France. Le vent du romantisme germano-slave se met à souffler en Alsace, en Lorraine, dans le Jura et le Doubs, et la route des Crêtes, de Thann au col du Bonhomme devient un chemin initiatique, une expérience mystique sur une route départementale.

La chaîne des Vosges s'y laisse aimer en se montrant de tout son corps.

Dans les villes, le quartier de la Cathédrale à Strasbourg, avec ses maisons à colombages et encorbellements, la place Stanislas à Nancy, la Citadelle de Besançon ou la vieille ville de Colmar, sûrs de leur force de séduction, se pavanent dans une pathétique nostalgie.

Les vieilles pierres sont parfois de grandes sentimentales...

Rocamadour est un village collé à la paroi abrupte et vertigineuse d'une falaise, quelque part dans le Quercy.

Lieu de pèlerinage pendant des siècles, ses terrasses parfois taillées dans la roche ont vu des pénitents monter sur les genoux, les 216 marches de son grand escalier jusqu'à la chapelle miraculeuse aux murs noircis par la fumée.

Ici malgré les prouesses techniques de l'homme au fil du temps, on ne décèle aucune impression de maîtrise de la nature

Nancy, grilles de la place Stanislas, œuvre du ferronnier Jean Lamour, (deuxième moitié du XVIIIᵉ siècle). Les grilles, c'est la liberté de rêver, admirer, envier. Les fleurons dorés attirent mais les fins barreaux de fer forgé séparent deux mondes qu'on a voulu différents.

Aveyron, Saint-Véran. Les ruines de la forteresse de Montcalm n'ont plus rien à attendre. Une retraite dorée sur la corniche du Causse Noir, au-dessus des gorges de la Dourbie, pour des siècles et des siècles.

Seine-Maritime, parc zoologique de Clères. Retour de l'homme à la nature, ou de la nature à l'homme. Au rez-de-chaussée du château, on héberge des oiseaux exotiques.

qui reste sauvage, hautaine, dure et arrogante.

Ici, l'homme n'a pas essayé d'apprivoiser la nature mais joue avec elle, à une partie de bras de fer.

Il s'agit de tenir le plus longtemps possible en sachant qu'un jour peut-être lointain, tout finira au fond du canyon de l'Alzou.

J'y ai vu deux vautours fauves qui s'étaient appropriés la vallée en attendant des jours fastes, et qui paraissaient paisibles et confiants.

Versailles avait contribué à la naissance d'une certaine sensibilité en nous.

On le crut capable de faciliter les épanchements des cœurs que l'on commençait à convoiter et il se révéla redoutable.

Propice à la douceur, l'allée du Rendez-vous au nom suggestif permettait parfois de franchir rapidement certaines étapes préliminaires et quelque peu fastidieuses.
Entre l'Arboretum de Chèvreloup et le Hameau de la reine avec ses jardins, elle coupe l'allée des Ha !! Ha !! pour finir quelques centaines de mètres plus loin dans un champ cultivé.

Elle nous a vus maladroits et incertains au début, puis moqueurs et arrogants avec nos conquêtes épisodiques qui trouvaient le cadre aussi pompeux qu'inconfortable pour ce genre d'expression mais peu nous importait puisque c'était à Versailles.
On sacrifiait le confort à la poésie et à la grandeur des lieux.

Loir-et-Cher, Cheverny, chasse à courre. La poursuite infernale peut devenir pathétique. Seule la joie de la meute est incontestable.

Montségur en Ariège ou Tournoël en Auvergne, les châteaux en ruine intimident toujours par leur immortalité. Cassés, démolis, parfois méconnaissables même, ils gardent un magnétisme puissant qui émane peut-être de leurs illusions perdues.

De simples abris ou places fortes où quelques soldats se retranchaient pour défendre leur pays sinon leur foi, ils sont devenus les symboles de l'extrême résistance.

Leur corps mutilé ou disparu laisse voir l'âme cachée dans leurs entrailles.

Le rocher de Montségur rappellera toujours l'Inquisition, la détermination des Cathares, mais surtout, la profonde solitude des causes perdues.

Tournoël, en bien meilleure forme sur son éperon rocheux dresse son grand donjon pour montrer à toute la plaine de la Limagne, qu'il reste son seul protecteur.

Les vieilles pierres ont de ces mémoires...

Les feuilles perdues du grand livre du Bon Dieu, on en trouve des traces partout en France.

La Corse, sauvage et fière avec ses villages posés au bord de longs lacets à travers les forêts de pins et de châtaigniers ou sa côte rocheuse modelée par une mer désirable ; les Cévennes, de Florac à Anduze, la Dordogne au pied du château de Beynac, les abbayes normandes ou le château de Fontainebleau et des centaines d'autres endroits : œuvres

Indre-et-Loire, château de Villandry. Reconstitution des jardins d'après dessins anciens de style Renaissance. Le paradis est la sublimation de désirs enfouis en chacun. Des images qui se perpétuent mais ne se ressemblent pas.

de la nature ou de l'imaginaire de l'homme, elles sont autant de bribes éparses d'un idéal de perfection et de beauté où l'on puise depuis la nuit des temps la force de rêver.

A chacun ses rêves : petits ou grands, doux ou exaltés, ils finissent toujours par s'orienter sur le même point, un mirage qui prend corps et devient pour l'éternité le « Paradis perdu » de quelqu'un.

Indre-et-Loire, château de Chenonceau. A la demande de Diane de Poitiers, Philibert Delorme édifie les arches du pont sur le Cher que Catherine de Médicis fait surmonter d'une longue galerie. Ainsi, le château de 1515 de Thomas Bohier devient une émotion sur la terre de Touraine. « S'il vient à point, me souviendra. »

Corse, Balagne, village de Speloncato. Tous les ans, le 8 avril et le 8 septembre, le soleil joue à cache-cache avec le village.

*Auvergne, château de
Busséol, XIIᵉ siècle.
Des volcans usés de la
Limagne, seule l'ombre
des forteresses ruinées
jaillit pour porter la
complainte des entrailles
de la terre à l'esprit
distrait des hommes.*

*Bourgogne, Eve d'Autun,
œuvre de Gislebertos,
XIIᵉ siècle. Elle ornait le
linteau du portail latéral
de la cathédrale
Saint-Lazare d'Autun
jusqu'en 1766.
Sensuelle et belle, Eve ne
résiste plus à l'attrait de
la lumière qui l'éblouit
déjà et l'attire à sa magie.
Son sourire innocent et
amusé annonce les belles
années à venir.
Musée Rolin à Autun.*

TABLE DES MATIÈRES

Photographies :
Serge Chirol & Anne Gaël
sauf, photographies rabat de
couverture :
Photo Jean Nabavian : Maizé
Photo de Y. Queffélec : D.R.

Mise en page :
Laurent Goujard, LCG
bureau de création graphique
à Evreux.

Directeur de Collection :
Jean-Pierre Duval.

Conseiller éditorial :
Jérôme Gros.

Composition :
Zoom Compo, Montrouge.

Photogravure :
Publi-Action, Saint-Sébastien.

Impression :
Alma, Milan

ISBN 2-908878-10-0
dépôt légal 1er trimestre
1991.